U0111389

執子之手與子抗疾

精神分裂症患者照顧手記

Margaret Ong　著

河子蕊　　譯

前言

瑪格（Margaret）會告訴你，早於 2012 年我便建議她以照顧者的角度寫一本書，當時她並不認同。在 2013、2014、2015 連續三年我不斷游說她，但她仍然很猶豫。直到有一次，她坐地鐵離開精神健康醫療院（Institute of Mental Health）途中，和一位社工傾談後，才改變了主意。那位社工跟我的想法一樣，提議她寫書，認為這是很有意義的。我為她終於首肯而高興。

自從丈夫確診為精神分裂症患者，瑪格一直不離不棄地支持他。她竭盡所能去認識這個疾病，了解在康復旅程上，如何提高生活質素，並且減低對兩位青少年兒子的影響。她持之以恆地寫下許多筆記，記錄丈夫的情況，熱心分享心得。

她分析及試圖理解丈夫的行為。丈夫經常有幻覺，以為自己仍然需要處理公司業務，接聽電話和參與重要會議。最初，瑪格不太了解病情，感到非常困擾，有時她挑戰丈夫，要他證明自己真的在上班。後來，瑪格深

入了解精神病患症後便明白，跟患有妄想症的丈夫爭
論，只會徒勞無功。她不再爭辯，把注意力轉移至了解
他，從他的角度去看事物。

增加對精神病患的認識有助面對整個疾病的歷程。瑪格
逐漸地多留意丈夫的正面行為，例如他能夠和兩位兒子
溝通、外出辦事，買晚餐回來給大家，和家人共享輕鬆
的時刻。瑪格很清楚丈夫仍存有幻覺，而她作為照顧者
的主要角色，就是要接納和包容他，而不是去着眼那些
幻覺。也許她為無法協助丈夫消除幻覺而感到無助，但
她已能夠接受他，幫助他和支持他。

瑪格深信科學。她認為醫藥可以把不平衡的化學物質調
整過來，改善丈夫的幻覺。然而，即使她的丈夫服用了
適當的藥物，幻覺仍然持續。精神科醫生的難處是，精
神病的症狀不容易被客觀地量化，有些疾病例如糖尿病
或高血壓，醫生能比較容易地量化藥物的療效。

精神科是藝術和科學的結合。我們極需要細心和熱誠的
照顧者，就好像瑪格一樣，甘願不辭勞苦、持之以恆
地肩負責任：一、了解精神科具有非客觀因素。二、
勸喻患者接受疾病，在無需強迫下定期服用藥物及接受
治療。三、陪伴患者見精神科醫生，定時檢討病況。
四、接受復發是這個疾病過程的一部分。五、無論情況
如何惡劣，也陪伴在患者身邊。

行醫三十多年以來，瑪格是我遇到的一位模範照顧者；
如果有一個照顧者周年大獎，我一定會提名她。瑪格
走過了艱辛的歷程，她丈夫從確診那天開始，直到今
天，仍然抗拒接受病況，不願意為自己的健康和精神科
醫生合作。

丈夫拒於合作，對病況欠缺認識，為瑪格的照顧者生
涯帶來更多困難。話雖如此，我一直沒有聽過瑪格抱
怨，也沒有認為自己浪費時間在患病的丈夫身上。她密
切觀察丈夫的表現，跟精神科醫生溝通，提出問題和尋

求答案，從而改善丈夫的生活質素。她的熱心、精力及鍥而不捨的精神，令人敬佩。我極度渴望瑪格寫下整個心路歷程，分享她怎樣和一位心靈上自我隔離的配偶相處。如此無私的照顧者，是怎樣犧牲了自己的時間和快樂，去照顧一個思想已不完全在現實中的配偶呢？

讓瑪格細訴她的故事，讓我們一起走進她的歷程。在這書中，你會找到精神病患照顧者尋求的一些答案——即使不是全部答案。瑪格是一位無私的、令人佩服的照顧者。我萬分欣賞她——向她致敬！希望她能啟發更多讀者，尤其是一些擔心自己是否稱職的照顧者。你可以步向有意義及豐盛的人生，在照顧摯親患者的時候，不會失去你自己。對於患者及照顧者而言，這可以是一個雙贏的局面。

精神科醫生洪永元

序

這本書緣起於 2012 年，精神科醫生洪永元 (Dr Ang Yong
Guan) 建議我把自己的照顧者經驗寫出來。我不假思索
就拒絕了。2013 年 5 月他再度提出。我的回應是：「如
果你覺得我的經驗可以幫助同路人的話，請幫我聯繫有
關團體。」就在那刻，他聯絡了照顧者聯盟 (Caregiver
Alliance Limited) 的行政總裁張莎莉醫生 (Dr. Sally Thio)。
直至現在我仍是照顧者聯盟的義工領袖，協助照顧者訓
練活動。2013 年 8 月我被邀請到照顧者聯盟的周年大
會分享經歷，之後在 2014 年 10 月在亞太區精神健康會
議 (Asia Pacific Mental Health Conference) 及 2015 年 10 月到
世界精神科衛生組織 (World Mental Health Federation) 也作
出分享。

到了 2014 年及 2015 年 6 月，洪醫生繼續提出寫書的建
議，我開始有點心動。記得有一次，我參與亞太區精神
健康會議 (Asia Pacific Mental Health Conference) 後，坐地鐵
回家的途中，同行的精神健康醫療院　(Institute of Mental
Health) 社工問我：「你有沒有考慮從照顧者的角度去寫

一本書呢？現在大部分的書籍都是康復病人寫的，或者是醫學專家寫關於治療方面的資訊。」於是我認真地為寫書這個念頭祈禱。我憑着信念踏出一大步。現在我向大家展示我的處女作——《執子之手　與子抗疾》。我訴說自己的故事，以一個家庭作為背景，分享跟丈夫及兩個兒子的生活。此書並不沉重，容易明白，也提供一些實用的建議讓其他照顧者參考。

作為主要照顧者，就正如普通人一樣，必須肩負各種責任，包括照顧家人——尤其當你的孩子還是青少年。照顧精神病患者是一個年終無休的艱巨工作。六年半以來，我學會怎樣保護自己及孩子，盡量避免受到丈夫的精神分裂症影響。我決心維繫完整的婚姻，保護孩子，這樣一家人才可以過正常生活。我嘗過不少苦頭，也曾有不顧而去的念頭。不過，我始終都堅持下來，因為「不顧而去」永遠不是我的選項。希望這本書能夠向其他照顧者傳遞一些信息及意念，例如怎樣以科學方法付諸行動。我也藉此分享怎樣支持和愛護我們的

摯親患者，願讀者從我的經歷中得到裨益。這就是寫此
書的目的。

在擔當照顧者的早段日子，沒有人給我忠告，或者和我
討論當時的困難和挑戰。那時候我害怕兄弟姊妹和好朋
友會因為我的問題而感到不安。後來我多了解了精神病
患，掌握了基本的認識，便有信心面對困境，期盼丈
夫的康復在望。漸漸地，我更有信心去敞開心房，讓
兄弟姊妹和朋友也參與其中，成為支持我的團隊。面
對挑戰，我不再孤單。

深盼你從我的分享中獲益，得到喜樂和滿足感，讓你成
為摯親患者身邊最佳的照顧者。

簡介

如果你正在閱讀這本書，也許是因為你需要保護自己及深愛的家庭，幫助摯親在精神病中帶着尊嚴地康復過來。我誠意把自己的經驗，全面地和大家分享，希望有助改善照顧者、患者及整個家庭的生活質素。無論你是精神病患者的家庭成員或是精神健康專業人士，願此書讓你知道，千萬不要絕望氣餒。書中我提供了一些家居復康的條件及箇中的挑戰。

此書第一部分將分享，把一個人和疾病視為一體時會遇到什麼問題，應該怎樣處理。我憑着愛的力量和耐性，克服內疚感，決斷地為丈夫尋求最佳的治療方案。回頭一看，我多麼渴望有人在我丈夫發病初期便分享他們的經歷，以幫助我了解將要面對的那些挑戰。

第二部分闡述步向正常化的過渡期歷程，以及怎樣維持生活上的平衡，處理和家人及親友的各種關係。如果我讓丈夫萊利（Leslie）的各種需要和問題時刻主導家中一切，只會扭曲了家人在生活上的緩急輕重。

第三部分引用我和孩子們的例子，分享如何克服偏見和歧視。在鼓勵及協助萊利面對康復過程中，我改變了自己的心態，持正面態度和充滿勇氣，接受他的疾病，並保持我的個人自主性。

最後在第四部分，談及隱藏式用藥的爭議性及它的實際好處。我也分享一些安全用藥的方法，並極力建議與精神健康團隊保持緊密的夥伴關係，建立支援網絡，協助患病的摯親康復。你不一定能得到和我一樣的結果及和我一樣滿意。不過，希望你透過我所吸收的知識及曾犯過的錯誤，得到一些啟發，讓你在照顧者的歷程中找到喘息的空間。我曾犯下不少錯誤才走到今天，對我來說，最重要是如何能夠為丈夫萊利、家人及我自己覓得理想的結果。

目錄

這不是他，這是他的病

It is *not him*. It is his *sickness*

1.1

Why it's never

為什麼一直都未被察覺

obvious

「你不知道也無礙。」

"What you don't know won't hurt."

我一直走著同一條路，更確切而言，我以為自己對此路瞭如指掌。可笑的是，我竟然沒有想過要停下來，細心觀察自己的丈夫。生活的常規根深柢固，對於眼前突如其來而又明顯不對勁的事，反而視而不見。以大部分人的標準而言，我接着走的路是難以想像的。穿越惡夢，拒絕命運的安排，也製造了更多不可收拾的亂局。這一切，都不是我選擇的。

萊利和我在 1990 年 12 月 31 日注冊結婚。在交往五年期間，即使不時有「火山爆發」般的情況，我們的感情依然穩固。我倆性格南轅北轍，興趣方面更違反了吸引力法則中「同類相吸」的說法。最要好的朋友當中，

沒有一個想到我和萊利會真的結婚。憑着和丈夫之間牢不可破的互信基礎，我才可以懷着信心把故事和大家分享。

我曾經和許多充滿野心的年輕女士一樣，埋首工作。工作完畢，回到家中，天已黑了。我工作上負責亞太區域的業務，一半時間需要出差，留在家中的時間不多。就在那段日子，我忽視了丈夫出現的精神分裂早期症狀，還以為問題會悄然而去。

一開始　以為只是小事一樁

2008 年雷曼兄弟倒閉，全球金融崩潰。那年，也是我崩潰之年。我沒有察覺到，原來我已在「死蔭幽谷」行走。因為我的無知，加劇了萊利的妄想症狀，情況不斷惡化。一開始，只是小事一樁；萊利懷疑鄰居蓄意搗亂，把狗隻的尿液倒在我們水電錶盒。他命令我們當時十二歲的大兒子傑米（Jeroemy），站在大門前監視鄰居。我知道後，對萊利極為氣惱，他竟然罔顧傑米正值小學畢業之年，忙於準備小六畢業試（PSLE) 之際 ，要

求他長時間站在門口監視！我寧可傑米多花點時間做評
估練習，所以建議萊利在大門外安裝一個廉價的閉路監
視器。

本以為當萊利找不到證據，事情便會結束。萬萬沒料到
這個看似沒有傷害性的建議，竟然加劇了萊利的妄想失
控，令我無盡困擾。［對於傑米和當時八歲的小兒子瑞
安（Ryan）來說，這是一個駭人卻又令人興奮的事情］。
不久，廉價閉路監視器被換成了租來的高科技鏡頭，
在大門、客廳陽台、書房窗戶，幾乎所有能被鄰居窺
探我們室內情況的位置，都安裝了精密的針孔鏡頭。
萊利會坐上數小時，目不轉睛地看着畫面，等待可疑人
物出現。他禁止我們晚上開燈，以便他在鏡頭中看清楚
罪犯。這樣維持了一個月，我開始覺得困擾和擔憂。然
而，我的注意力仍然集中在傑米身上，而不是丈夫。我
心中常想：傑米應該如何準備畢業試呢？萊利多次要
求我們所有人都擠在主人房中，一同注視監視器的錄像
片段，他努力說服我們，一切都不是他空想出來。如果
我不是自以為是，被固執蒙蔽，就應該及早求助，而不
是只重視兒子學業而輕視丈夫狀況。我掉以輕心，以為

那些僅是偶發事件而已，萊利早晚會克服的。

我不喜歡他的轉變　索性置之不理

然而事情卻變得更糟糕。有一天我回家，走進昏暗的
大廳，馬上氣炸了。大廳的玻璃和書房的窗戶，都貼
滿了黑色的牆紙。我憤怒極了，但卻沒有感到恐懼。
過分關注傑米的學業蒙蔽了我的理智。我撕掉那些黑色
的紙，萊利又再重新貼上。憤怒和困擾衝上我心頭，
他簡直是每時每刻破壞着我們正常的和平生活。毋庸置
疑，我根本看不到問題所在。我不喜歡眼前萊利的轉
變，所以索性置之不理。我忽略了面對真相所需作出的
基本準備。這只是一個開始。我難以置信，他的病情已
在我面前慢慢地展現了。

萊利接着建議我們搬家。他每天和我為此事糾纏，直
至我態度軟化下來。本來我絕不願意搬去面積較小的
房子，不過仔細再想，轉換社區和環境也許對萊利有
幫助。他為我們的搬遷決定迅速行動，馬上尋找新房
子。我們在心儀的地區找到一個單位，又能夠以市場高

價賣掉舊單位。萊利似乎很高興，而我們也享受了一段
短暫的正常時光。不久，萊利又顯得不安，即使新單位
仍在裝修中，卻堅持我們立即遷出舊單位。他覺得自己
不斷被人監視。這個事件正正發生在傑米小六畢業試的
考試周！

萊利的無理取鬧　令我們尷尬

我絕不想影響傑米的情緒和自信，唯有不情不願地聽從
萊利搬走的要求。結果，我們在沒有事先通知對方的情
況下，便在某一天黃昏搬到了他三姊的家。三姊十分親
切，沒有埋怨我們為她帶來不便。在那裏，我和兩位孩
子感到不自在，因為萊利經常無理取鬧和胡言亂語，令
我們很尷尬。這完全不像本來的他。她姊姊開始感到不
耐煩，難免覺得鵲巢鳩佔，失去了主人家的地位。萊利
要求大家事事隨他，尤其在家務方面，極不合作。他甚
至對我們厲聲呼叫，好像完全控制不了自己的聲量。我
們在那裏待到傑米的考試結束，我便堅持遷走。我不能
再忍受萊利對他至親的姊姊帶來麻煩。然而，萊利卻決
意在新房子完成裝修前，繼續住在姊姊家中。我們吵了

一場，我覺得再留下去根本沒有好處。他拒絕妥協。我最後威嚇他，要帶走兩個兒子，他才讓步。當晚夜深，我們離開他姊姊的家，也來不及好好地感謝和道別。我們只留下一張便條給她，此舉令我深感慚愧，即使 2012 年姊姊已經獲悉萊利的病情，但她仍不肯原諒萊利。萊利是家中老幺，也是唯一的兒子。但很痛心地，破壞已造成，修補絕不容易。

那天晚上我們就搬走，到聖淘沙酒店住了兩晚，之後的十天住在吉寶灣（Keppel Marina）公寓。我們又再像正常家庭般生活。不過，問題的癥結仍然存在。當時我還以為這只是典型的婚姻觸礁，是一剎那的現象，所以便忍受下來，假裝一切安好。每天超時工作及頻密的出差成為我分散注意力的良方。不過，我忘了兩位兒子沒有良方，他們每天忍受着父親衝着他們而來的古怪行為。

我們在金文泰（Clementi）的新居只有舊居一半的面積。我們需要學習適應生活在有限的空間以及和新鄰居相處。2009 年從武吉巴督（Bukit Batok）遷往金文泰尚算是可喜的轉變，只可惜好景不常。就在我們剛開始認識同

住十三樓的鄰居一個月後，便有一個新家庭搬入。萊利
竟因為鄰居換了租客而變得警惕起來。

在接下來的三年　情況不斷惡化

在接下來的三年，萊利的情況不斷惡化。一個冷不
防，他向警方舉報有人嘗試闖入孩子的房間不果，他報
稱窗戶被撬開，滑動式的窗下可見兩道痕跡。然而，
窗花其實是穩固和完好的。事件過後，他向我指出，
浴室的窗戶有一道髮絲般的裂紋，因為有人曾經用鵝卵
石擲向我們的單位。他說他聽到聲音，只是不能即場捉
拿罪犯。然後，他又聲稱有人趁我們不在家時，用重物
敲打正門，導致木門上有明顯裂紋，他向我拿出的所謂
證據，就是地上兩個鞋印。我腦海即時的反應是：其實
我們並不確定買入房子的時候，裂痕是否已經存在。
他對我嘗試淡化事件而顯得激動，認為我根本看不到家
庭正在受到嚴重威脅。我並不知道，這種種事件，會觸
發他腦海中繼續醞釀新的情節。我愈對他的解釋提出異
議，他便愈顯得不耐煩，愈決意去證明我是錯的，事情
因此變得更複雜。我身為妻子犯下的最大錯誤，就是對

丈夫求助的呼喚，置之不顧。

一切從 2008 年 8 月於武吉巴督開始，因為我的無知，完全沒有幫助萊利。我愚昧地容許惱怒掩蓋了判斷力。回首再看，每個事件皆有跡可尋，只是我忽視了妄想症的明顯病徵。我沒有看見事情的急切性而及早尋找外界協助。有種說法謂「無知是福」──不幸地，在這情況中並不適用！

不存在的「對方」對他而言是何等真實

萊利提議找私家偵探，他覺得自己的活動被監視，感受到威脅。「對方」知道他的名字也知道他的電話號碼。那些「沒有面孔、沒有名字的對方」對他而言是何等真實，他能清楚描述所感受到的每一個細節。我從他面部表情中，完全看到他的恐懼。每次他講述經歷時，手和腿都在顫抖，恨不得把那些令他處於無盡壓力的「對方」當場逮捕。我對他要求聘請私家偵探的提議欣然接受。私家偵探能夠助我找出萊利幻覺的三種可能：真的被人監視、靈界入侵、或是精神病：當中只有一個是真

相。我和萊利的協議是，如果找不出任何證據去支持他的想法，他便會諮詢精神科醫生。為了尋找信譽良好的私家偵探，我們要跨境，跑到馬來西亞，因為萊利認為新加坡的私家偵探只擅長追查配偶外遇。他這個想法真令我發笑。評估數間偵探社的記錄和策略後，我們聘請了一位私家偵探。受僱的私家偵探尾隨萊利四天，從早上七時半到晚上十一時監察我們的居所。這段期間，萊利緊閉窗戶，這一切，我們一回家便受不了。

最後，殘酷的真相、鐵一般的事實擺在眼前：完全沒有證據支持萊利的想法。萊利很沮喪，認為是私家偵探不稱職，甚至批評他們的器材只是業餘的，反而他的跟蹤者卻用上最先進和複雜的科技去隱藏自己。萊利更指跟蹤者用碟形衛星接收器去竊聽他的對話。他們正在租用鄰居的房間，隱藏陰險行徑。萊利希望我能夠聘請一位更專業的偵探。私家偵探把我拉向一旁，建議我應該帶萊利去看醫生。於是，殘酷的真相已在眼前。我提醒萊利我們早前的協議，就是他需要去諮詢精神科醫生，然而他拒絕了。萬幸之中，他完全排除邪靈入侵的可能，否則如果要我們去找靈媒或請教「巫醫」進行我們

不熟悉的禮儀，那肯定是一場可怕的經歷。

他不願和我說話　因為「他們」會聽到

我該怎麼辦？萊利沒有正面和我衝突，只是再次提出，他家人當中從沒有人需要諮詢精神科專家的。直至今日，我也毫無頭緒他如此強烈的信念從可而來，為什麼抗拒見精神科醫生。當時，大家已經歷盡痛苦一整年。兩位兒子都因為父親怪異的行為，以及我不時對他們父親大聲尖叫而感到困擾。日復一日，我們和萊利相處愈加困難。他不願意與我說話，因為「他們」會聽到；我也不能寫便條給他，因為「他們」會透過他的眼睛看見。他不容許任何人接觸他身體，即使並坐着時肩碰肩，或者大腿碰到大腿也一概不行。他就是這樣唐突及粗暴地把我們拒之千里，好像他的靈魂已經離開了我們。我們不再溝通。他的目光有時凝定了。有好幾次他甚至不知道自己忘記吃飯。我們的睡房早已安裝窗簾，但是他還要把黑色塑膠廢物袋和床單把窗戶重重封着。房間內漆黑一片，我們的家庭生活也是漆黑一片。孩子和萊利再沒有笑聲，他們都在掙扎，應付突如

其來及令人尷尬的場面。

萊利的話語及表現，本應很清晰地讓我明白他病發時所
受的痛苦和折磨。我是他最信任的伴侶，所以他讓我參
與他的陰謀論，期望我能拯救他逃出困境。他懼怕、焦
慮地求救，然而我完全沒有為他紓解什麼。我甚至看見
他便覺煩厭，完全沒有理解他到底發生什麼事，更談不
上了解這場病的徵兆和他的異常行為。

正如大部分人一樣，以前我不曾認識精神病患者，也不
知道這種病是什麼一回事。只有一件事情是肯定的，就
是並非所有精神病人都有暴力和傷人的傾向。我可以非
常肯定說：我丈夫絕對沒有！

萊利的不幸，令我上了生命寶貴的一課。這一課適用於
照顧任何病患。我不應該帶領萊利走向困境的深淵。
我愈表現出不信任他，他便愈決意證明他是正常和理智
的。我的焦點錯放在事件的情節上，以致忽略了萊利的
病況，不去尋求解決辦法，也沒有及早求醫。

B.R.I.D.G.E 技巧

觀察入微（Be observant）

一旦家人偏離本性時，我們必須注意。這是極其重要的。觀察要持之以恆，記錄該家人異於過往的行為。

克制過分反應（Restrain from over reaction)

對於家人的魯莽行為，千萬不要過分反應，必須沉着冷靜，否則只會失去自控。

邀請你信任的人參與（Involve people whom you trust）

找一位你信任而又了解該位摯親的人，一同去觀察。這樣便可以避免任何偏見。只有這樣，才可以放心下結論，那些行為到底是正常還是不正常。

表達理解，切忌表達不相信（Display understanding not disbelief)

不要挑戰該位家人的觀察，否則只會令事情惡化，因為患病的家人只會嘗試各種方法去說服別人。

辨清哪些是性格使然，哪些是因病而起（Got to separate the illness from the person）

我犯下的一個錯誤，就是把萊利的異常行為全歸咎於他自己。我們必須保持客觀，看清楚那些異常的行為是性格使然，還是患病所致。

早期求診最關鍵（Early medical intervention is the key）

採取了上述步驟之後，而又確定該位家人的行徑是不正常的，便要立即找專業人士幫助。

1.2

具同理心，不是同情心

「首先要以同理心瓦解疏離感……讓別人明
白我。自此我便可以接觸別人，甚至和別人
建立關係。我不再孤單疏離了。」

——卡爾‧羅哲斯

"In the first place, it dissolves alienation...
I make sense to another human being. So
I am in touch with, even in relationship
with others. I am no longer an isolate."

Carl Rogers

我和大家分享過，當萊利栽進自己想像的情節中，我們
根本沒法溝通。我沒有能力把他拉出來。我曾多次努力
喚醒他，但也是徒然。於是我開始提高嗓子去吸引他的
注意。但這完全不奏效，我甚至把憤怒注入自己的聲音
裏，但也是白費氣力。然後我採用懇求的態度，他依然
無動於衷。似乎他已被自己的思想困着，而我無論多麼

拚命，都無法進入他的世界。這樣的溝通模式持續了六個月。那個時候我自己也像一個瘋瘋女子，胡言亂語，不能再和丈夫正常地對話。我無法隱藏自己的憤怒、挫敗和厭惡，一踏進家門便像原子彈般爆發，幾乎也喪失理智。很遺憾，這一幕又一幕的殘酷情景，兩位兒子都親歷其中。他們活在恐懼和不明朗的生活中，皆因每天我自己也在釋放被壓抑的情緒。即使我擁抱和輕撫他們，當中已經再沒溫馨和暖意。我的內心徹底撕裂。

他堅稱有人在門外　讓全家人離開

2010 年的大多數日子裏，萊利每晚都像喪屍一樣，在房內不停地徘徊，堅稱有人在大門外。他每十五分鐘就把大門開關一次，直至翌日清晨。我一般在凌晨兩點入睡，但當我快要睡着了，屁股便來了巨響的一巴掌！「又有人在門口了。」粗暴地被喚醒，真的令我很憤怒！萊利認為，要不是有人在大門外，就是有人把冷氣空調拆了下來，正準備傷害他。有很多次他收拾東西，速令全家人離開，趕往酒店登記入住。

有時，我成功勸止他，畢竟他也知道翌日兩個孩子需

要上課。然而，曾經有三次這樣的情景，我無法應付他。他拿着車匙，衝了出去。第一次，幸好他在十五分鐘之後便回來。第二次，三十分鐘後還沒有訊息。到了凌晨一時半，我們實在非常擔心。傑米和我去了西岸公園麥當勞餐廳的停車場，希望可以找到他。最後我們找了一小時也找不到，唯有放棄。我唯一可以做的就是祈求他安全，整晚家中大門都沒有上鎖。結果，他翌日清晨六時回家，原來他到卡爾登酒店（Carlton Hotel）住了一晚。第三次，他去了他最喜歡的香格里拉酒店（Shangri-La），訂了兩間客房（因為他堅持全家同行），在咖啡廳裏點了甜品椰汁黑糯米，後來就在其中一個客房休息兩小時，之後便退房回家。

這一次，帶來的可是一千多新加坡元的巨額賬單！令我又氣又惱，而他竟當作什麼事情也沒有發生。我能夠推斷整個過程，全憑酒店發票及與酒店前台職員的對話，追蹤蛛絲馬跡。我向萊利提到整個事件，他也解釋不了，只顧迴避我的問題。那時候，我腦子裏第一個直覺，就是要防止更多金錢上的損失。我感到無比脆弱和憂慮，因為萊利隨時可以動用銀行戶口和信用卡。我把

困境告訴香格里拉酒店的經理。他們說,萊利當晚沉着冷靜,完全沒有不對勁的表現。他們承認,當時沒有注意登記時根本沒有萊利所說的四位客人。酒店職員很友善,翻查紀錄後,確定其中一間客房當晚沒有人使用過。他們善意地把一間客房的費用退回來。我向酒店提出一個特別請求,就是把萊利列入黑名單,不允許他以後訂房間。如果他再次在酒店出現而要求訂房的話,便馬上通知我。傑米天真地問我:「我們是否以後不能再住香格里拉酒店呢?」此話令我本來死灰一樣的臉添上一絲無奈的笑容。

他堅稱我們被人偷窺

接下來,萊利又有另一個想法,要保護他腦海中重視的私隱。這次牽涉到要我在家中浴室洗澡時穿上泳衣,而那浴室是沒有通風位置的。他趁着我一次出差的時候,把主人浴室的抽氣扇拆了下來,換上不透明的塑料板。他更告訴我,一定要穿上泳衣才可以洗澡,因為他非常肯定我們被人偷窺。我實在無法接受他的一派胡言,於是跟他大吵起來。我不合作,他別無他法,唯有每次在

我洗澡時，便守在窗戶。為此他感受到了沉重的壓力，提高了警覺，也變得很繁忙。感謝主！最後在整整三年之後，即 2013 年我們才重新安裝抽氣扇。我終於成功說服他，談及即使那數年以來我經常赤裸洗澡，也沒有任何醜聞發生。

有一段頗長時間，他停止接觸互聯網上的新聞，而以往他是每天都要看的。似乎他已經不再相信任何人或事了。我和兒子們都非常困惑，為什麼他經常要更換門上的掛鎖，不斷提高安全級數，又在大門加了多個橫門。我們的日常生活都被他的行為干擾了。有好幾次他不允許我和孩子踏出家門。他是認真地關心我們的安危，由衷地認為他是在保護整個家庭的。孩子漸漸和父親疏離，他們不懂得去欣賞父親的善意，取而代之的感覺是：父親的行為正在破壞全家人正常的生活。

就像被多個人圍繞着　同時對你說話

我在 2011 年才知道一個精神分裂的人原來會產生幻聽，聽到第三者的聲音，這有別於抑鬱症患者只會聽到自己

的聲音。回到 2010 年 4 月，當時萊利的第一位醫生形容，他的病就好像是開啟了許多電視頻道，頻道互相競爭，要爭取他的注意。一直以來，我以為自己了解和明白這一點，但其實到了 2013 年 11 月，我參加一個模擬訓練時，才親歷其境感受到。試想像被十個人包圍，所有人同一時間對你說話。這樣根本不容易專注某一把聲音。試想，要對抗這一種障礙是如何令人困擾！這個就是萊利的實際經歷，他經常被不真實的聲音轟炸，那些聲音絕對不是健康正常的人所能體驗的。

我開始領會他的世界到底是怎樣的。最初的時候，我只是出於同情心，純然以自己的觀察，加上掌握了一些資料，便嘗試去表述他的病情及困境，其實，我必須承認，我花上很長時間才明白他的情況，卻還沒有真正去感受他的痛苦和困惑。他曾多次表露自己的內心世界，生動逼真地刻劃所處身的情景。而我，卻沒有感同身受。我缺乏同理心。單有同情心只意味着知性上的了解和憐憫，而同理心則具有深層的認知，並涉及到情緒的層面。

同理心讓我看見　他才是受害者

我們一旦能以同理心來看待萊利，便能看見萊利才是疾
病的受害者，所受的傷害遠遠超於我們。不要期望他會
像我們一樣，在大多數的日子中言行正常。我們隨時要
準備處理他那些非自發的行為。有了同理心，我們就能
對某些荒謬滑稽的事一笑置之，生活也重拾笑聲。

我改變了自己，學會包容和運用同理心。「愛」的感覺
重燃，我的婚姻就像獲得重生一樣。不過，我也會提醒
自己，同理心不可以凌駕客觀判斷。一方面我需要以同
理心去愛和了解萊利，另一方面我不能讓同理心成為面
對他的唯一指引。

你怎樣知道自己對摯親患者有沒有同理心呢？

第一，我們是否徹底了解摯親患者的狀況？
第二，我們可否對那些挑釁他們的幻覺感同身受？
第三，我們能否由心而發地感受他們的痛苦？

1.3

戰勝後悔

regrets

「我們都會犯錯，會有掙扎，甚至對往事感到後悔。不過，你不等同你的錯誤，你不等同你的掙扎。你就在當下，用你的力量來塑造屬於你的日子和你的將來吧！」

—— 史蒂夫·馬拉博利

"We all make mistakes, have struggles, and even regret things in our past. But you are not your mistakes, you are not your struggles and you are here NOW with the power to shape your day & your future."

Steve Maraboli

我的世界正在眼前崩潰。我何等清晰的看到，我們家庭的未來瀰漫着黑暗。我害怕去預想最壞的事情。

內疚感吞噬着我：為什麼我不早點察覺種種跡象，為什麼我像瞎了眼睛一樣？心中充滿無盡的悔意。腦袋不停地轉，多麼渴望把自己的頭顱埋進地下深處。我奢望能夠抹掉人生這段痛苦的章節，跳過這段生命中的危

機。自責是一種病。只要你容許它去殘害你，它就會讓
你潰爛不堪。

我一直沒有看通整個局面，原因是自從萊利確診後，我
的注意力完全放在他身上。我沒有意識到圍繞自己身邊
的好事，需要我的珍惜。我只顧退縮、後悔，而後悔的
感覺只會引領我到抑鬱的深谷。結果，我在家裏變成一
個毫無作為的母親和照顧者。

我要重整人生　修補和家人的關係

工作上，我一直裝作若無其事，煩惱不形於色，因為工
作就是我逃避之所。富裕社會的標準，就是以工作成就
去衡量個人價值。問題擺在眼前，該是時候要我接受自
己不能全部擁有。我需要清醒地決定放棄什麼，萬萬不
可在不知不覺中讓最親密的關係溜走。繼續渴求同時滿
足自己所有慾望的話，只會導致精神枯竭。那段時間就
像出現了一個喚醒我的鬧鐘，提醒我要趕快重整人生的
優先次序，不再是累積財富，也不是保持公司職位，
而是要修補和家人的關係。以往為了達到我那些錯誤的

期望，我一直忽略最重要的家庭。就在關鍵時刻，我決定趁自己尚未沉淪於後悔之中，懸崖勒馬。英諺有一句話：彩虹盡頭是黃金，我一定要和家人過快樂的日子。

我轉移注意力，重新調配精力到兩位孩子身上。因為我沉溺在遺憾和悔意之中，他們在這段日子缺乏安全感。我要活在當下，把目標重新定下來，為生活帶來溫暖和愛。有時候我會反省，要求他們正面去看待父親的情況，對他們而言是否要求太高。而另一方面，我卻活得像個悲慘的成年人。其實我絕對有能力理智地處理自己的情緒和行為的。

我放下身段　向兒子道歉

我放下身段，為我有意或無意間對兒子做錯了的事道歉。記得我曾兩度要脅萊利要離婚，要離開這個家，原因是當時萊利在治療和服藥方面不合作。兩個兒子都聽到那些話，他們當時沉默不作聲，我卻完全沒有想起在事後安撫他們。當我出差公幹時，兩個兒子輪流協助萊利吃藥。有時候，我對他們的質問無意中冒犯了他

們，儘管我完全了解很多事情他們是控制不了的。每當
萊利情況轉壞，孩子們便感到指責對他們而言是不公平
的。某程度上，他們其實是在生我的氣。

重組人生的優先次序後，我承諾他們，永遠不會再
把「離婚」這兩個字說出來。結果直至今天，我也做
到了。我對他們堅定地說，我深愛他們，絕不會放棄
任何希望——無論萊利患病的歷程何等的長、何等辛
苦。不過，我也強調我需要他們的支持，單靠我個人
力量，絕不可能維持一個完整的家。孩子一定要理解
大家維繫在一起的價值所在，很感恩他們完全明白。
就這樣，我珍惜的母子關係修復了。我不怕在他們面前
表達自己軟弱或暴露自己弱點，反正這不是什麼羞愧的
事。話雖如此，由母子關係發展為朋友關係，有時他們
會說出尖酸的話，這猶如重拳般打擊我，那種感覺非常
難受。我強忍着，像一個出氣袋，讓他們壓抑已久的傷
痛發洩出來。我不再只顧悔恨，開始看見自己身上充滿
全新的力量。兒子就是我的希望，他們代表未來。我必
須竭盡所能保護他們。

小兒子瑞安變得沉默了

小兒子瑞安一向平易近人、勤奮、樂於助人及負責任。他小學一、二年級時，班主任總會在家長日讚揚他。然而，因為家中發生的事情，他變得沉默了。三年級時的一天，他用異常憂慮的語調對我說，老師告訴他，爸爸在電話中用粗暴的語氣和老師對話。我繼續追問下去，瑞安便提到萊利對老師說了一個禁止使用的「粗言」字眼。我頓時啞口無言。設身處地去想，換了我是瑞安，也會無比尷尬，為父親感到非常羞愧。雖然萊利後來致電老師致歉，但也不足以消除瑞安的尷尬。許多老師開始注意瑞安，但這並非我們願意見到的。老師聯絡我，查詢瑞安的家庭是否出現了問題，又問我是否知道他已經缺課兩天了。另外，我也收到中文科補習老師類似的查問。接下來就是不停的收到投訴；有關他欠交功課，甚至他曾用善意的謊言去解釋。最後我忍無可忍，因為他竟然在數學考試卷上，冒簽我的名字。一股惱人的罪咎感攻陷了我。我怎可以完全察覺不到事情不對勁？我又再忽視不對勁的事情，那種感覺就像被一輛車子撞擊兩次！

我為自己粗心大意的行徑感到震驚。萊利患病後，我忽略了用愛和關懷去滋養瑞安，相反，當他做錯事時，只會懲罰他，還把他當成是幼稚小孩般看待。我對他的心理狀態毫不敏感。每次他努力強忍眼淚、緊閉雙唇，甚至緊握拳頭至手指關節也變白了，我也置之不顧。有次他悄悄地喃喃自語，渴望自己的父親早點離開人世，我嚇壞了，我天真無邪的兒子口中，竟然吐出如此惡毒的說話！我用藤條打他，感覺到他表面上雖然堅忍着鞭打的痛楚，內心卻正在放聲嚎哭。一鞭一鞭打在他赤露的肉上，他皮開肉裂，我內心也苦不堪言。一直打他，直至我淚如泉湧時，我才收手。回想一看，十分後悔，為什麼那時我不是伸出雙手，擁抱他、溫暖他呢？為什麼我沒有安撫他的創傷呢？

傑米也開始痛恨父親

傑米中學二年級時，我建議他攜帶家裏鑰匙，畢竟他已經長大，可以獨立和負責任。這也是一個預防措施，一旦萊利外出閒逛去了，我們也不至於有家歸不得。然而，萊利極力反對，我和孩子都對此感到困惑。當萊利

發現鑰匙不見了，便誓不罷休地向我們追索，直到取回
鑰匙。有一天，傑米在學校，萊利致電學校辦事處，託
他們傳遞口信給傑米，說他會路經學校並取回鑰匙。
這看來不是什麼嚴重或緊急事件，校方職員並沒有立刻
處理。誰知道，過了不久，一把暴跳如雷的聲音打破
了學校辦事處的寧靜，萊利要求職員馬上聯絡傑米。
他吵鬧的聲音如雷貫耳，三樓班房內的傑米和同學都可
以聽到。一位同學問傑米是否他的父親在找他，傑米頓
時滿臉通紅。他不發一言，便疾步奔向樓下。他迫不及
待地把鑰匙交給父親，好打發他離開。萊利當時大發脾
氣，認為兒子總是逆他的指示而行。風暴過後，傑米痛
恨父親，他不希望父親再去他的學校。當時傑米對父親
的康復進程失去信心，甚至認為父親會繼續傷害他。直
到多年之後，傑米才能放下對父親的鄙視。

我一直低估了萊利的顧慮。當萊利發現鑰匙不見了，很
自然聯想到家居安全受威脅。如果我們早點理解和明白
他的心理狀態，我們自會另謀方案，而非公然地、或在
他不願意的情況下取走鑰匙。自此之後，我在他不知情
的情況下，配備多套鎖匙，繼續給一套傑米備用。我多
渴望最初能想到這個方法，避免孩子感到痛苦和尷尬。

如何處理內疚感

注意力放在如何改變結果

感到內疚，往往是因為自己的疏忽而導致他人受到傷害。我們不想那些遺憾的事發生，甚至希望能夠改變過去。處理內疚感時，不妨想想在同樣情況下，應該怎樣處理才可以改變結果。

從中學習

很多時候，腦海總是想着「如果發生……會怎樣呢？」，而不是從中學習，看清到底「這是什麼回事……」和「應該如何面對……」。後者的想法才可讓你變得明智些，及早準備可行方案，處理措手不及的情況。一定要相信，你永遠是值得原諒的，因為你的行為完全是出於好意。把內疚思緒變成正面教訓，能改變你未來一些行為，以達到較理想的後果。從教訓中學習，把失望變成感恩。

保持韌度

感到內疚只會為我們徒添不快的感覺。我們應該放下內疚，演化為生命的目標，使他人變得更好，特別是使我們的摯愛變得更好。神希望我們活得像野草，儘管野草被踐踏、壓碎、燃燒、割掉，它還是繼續存在和生長，甚至更青蔥、更強壯。

1.4

LOVE him

以初心愛他

from scratch

「成功的婚姻需要和同一個人多次共墮愛河。」

—— 米格恩‧麥克勞琳

"A successful marriage requires falling in love many times, always with the same person."

Mignon McLaughlin

雖然在交往過程和婚姻當中，我和萊利經歷無數次爭吵，但是我們都能以柔韌力去克服。我們懂得如何包容及處理彼此的分歧。我們的救贖恩典建基於彼此之間強烈的信任上。無論在什麼情況下，我們永遠不會為求自己利益而傷害對方。這一點充分體現在萊利的克制能力上。即使他在幻覺中遇到被挑釁的情形，處於最惡劣的狀況，他仍然保持克制。神賜福的婚姻，意味着我倆永遠在一起。

你有沒有經歷配偶帶給你精神疲累的感覺？應該怎樣面

對一個在精神上和情緒上掏空你的人？在萊利最差的日子裏，他活像一個情緒吸血殭屍，不斷地榨取，讓我的精神枯竭。我的能量已用盡，因為我不知道怎樣為他和整個家庭作出適當的期望。偶爾，我需要大哭一場，慰藉自己。

一切由一個真誠卻錯誤的期盼開始。我曾竭盡所能希望萊利完全康復。我抗拒那些認為精神病患者不能完全康復的傳統想法，我不願意面對萊利的病況也許會無止境地持續的現實。最後，我認清自己要面對什麼，並決定絕不會置之不顧。

萊利開始接受電痙攣療法

洪醫生是診治萊利的第二位精神科醫生，他從 2011 年 6 月開始診治他。洪醫生建議使用電痙攣療法（ECT）。電痙攣療法過程中，患者需要先接受一般麻醉，然後受控的微量電流經過患者腦部，目的是引發輕度痙攣。患者也許會短暫失憶，但一般在四至六星期可恢復記憶。

當然，沒有人可以肯定電痙攣療法一定有效。它是透過改變腦部化學物質，把某些精神病症狀快速改變過來，一般用於治療嚴重抑鬱、狂躁和一些患有精神分裂症狀的病人。以萊利的病情而言，康復率是百分之五十至六十。這意味着萊利有機會減緩症狀。接受電痙攣療法後，萊利仍然需要服用藥物去保持狀態，以減少復發機會。

我和孩子們就此事討論，並讓他們在洪醫生的醫務所一起看一套介紹電痙攣療法的錄像。當中解釋治療的副作用，及肯定這療法安全、無痛及已獲公認。我當時的困難是，怎樣說服萊利和醫生合作呢？另一方面，萊利那邊的親人堅決反對。當我準備坐飛機去耶加達出差時，他們把矛頭指向可憐的傑米，提出他們的反對和不滿。他們埋怨萊利的狀況都是我和傑米造成的。傑米致電給我，通知我祖母正在我們家，想和我直接對話，電話中我聽到傑米隱約的飲泣，他嘗試控制自己情緒。通電話時我剛在機場出入境海關排隊，我要盡力保持冷靜，沒有提高聲量。無論如何，我堅定不移，電痙攣療法是萊利應該做的。我是由衷地為他着想。

2012 年 7 月，萊利在毫不知道要做電痙攣療法的情況下，入住伊利沙伯山醫院（Mount Elizabeth Hospital）。為了確保他合作，我找個藉口說，他因為曾經嚴重跌倒而昏倒，導致腦震盪，必須入院觀察。那次他住院十二天，每周使用電痙攣療法三次，即共六次。對有些患者來說，電痙攣療法可以是半天的程序，翌日患者只需到醫生醫務所，進行一個約兩小時至兩小時半的會面，那就不用住院兩星期，畢竟醫療費用昂貴。

我們以為完成治療便可打贏這場仗

從伊利沙伯山醫院窗口外望，烏節路（Orchard Road）上熙來攘往，萊利恨不得馬上加入人群，享受陽光和新鮮空氣。他對醫院的食物已經厭倦了，渴望有一些轉變。我們為他辦到了，就是把一頓飯改為兩頓，加入他喜愛的小吃，讓他高興一下。他表現合作，但卻禮貌地拒絕院方提供的輔導服務。他非常投入與人相處，常保持眼神接觸，表達能力很強，又有幽默感。我和孩子為當時每一刻感到欣喜。傑米甚至在放學後，也順道前來醫院看醫生巡房，細聽他們的對話。傑米很關注父親的

進展，對結果非常滿意。每一次治療後的進展皆令人鼓舞。我和孩子充滿希望，興高采烈，認為萊利完成六次療程之後，我們便能打贏這場仗。我決定把喜悅和大家分享。

在萊利完成第三次療程後，我邀請他的母親和嫂子前來探望他，讓他們看一看萊利的最佳狀態。他們高興極了，因為萊利表現留心，狀態輕鬆，十分享受和他們一起。其實我決定嘗試電痙攣治療的其中一個原因是，距離重要的國家考試——瑞安的小學畢業試及傑米的中學會考只有三個月。如果萊利得到適當治療，既可減低孩子們的憂慮，又可提升他們學習的情緒。我們都為萊利的進步而充滿動力，證明我的選擇是對的。

2012 年 8 月萊利出院，由於他短暫失去記憶，回家的過渡期中，有點脆弱無力之感。他記不起自己住在哪裏，平常去哪裏買菜，到各地方的方向及家裏的東西放在哪兒也忘記了 。感謝主！他尚保留一些技能，例如他仍可以從容地駕駛。我們需要重新引導他，使他熟習自己過往的日常生活。大家很享受這一段歷程，彼此重

新建立關係，幫助萊利重新學習，讓他再一次連接外邊的世界。我和孩子溫馨地擁抱他，一天當中我多次對他說我愛他，他也同樣地對我這樣說。

出院八星期後　幻覺又出現了

萊利出院之後，我立即雀躍地、充滿信心地重回工作。我們像昔日般約會，看浪漫喜劇電影、互相取笑、打撲克牌、煮食及一起做水療。周末我們重新開展了久違的家庭戶外活動。我們寬容相待，再現燦爛的笑容，我多麼渴望此情此景成為永遠。我們小心翼翼，讓萊利的角色放輕鬆一些，不要使他強行肩負一家之主、丈夫和父親的責任。然而，我們意想不到萊利開始搜索自己的過去。他形容自己的記憶庫存中，被盜取了很多塊記憶體。出院後八星期，他開始有復發跡象。他強迫自己恢復失去的記憶，填補那些遺忘的空隙，結果加速他的幻覺爆發，症狀又出現了。

回頭一看，即使他在醫院時，也不像其他接受電痙攣治療人士般乖乖的靜下來。他每次只能睡三十分鐘，不像

其他人一次可以睡上三至五小時。即使在發呆狀態，他也在病房走廊來回踱步，觀察其他人的活動，仔細看著他們的不同，又向護士查詢其他病人的醫療情況。他充滿好奇，又帶着懷疑。他好像在保護所珍惜的物件，為了永不會失去它而保持清醒及警覺。他鍥而不捨地追問無數問題，例如是誰介紹他入住這家醫院，洪醫生有什麼資歷，自己正處身什麼病房，為何病房門口有護士看守着，甚至最初是什麼原因導致他在家中昏迷。其實這些都是一個正常人想知道的。我不得不說，他訓練了我的創意，以致我給他的答案既真實，又可信，他可欣然全盤接受。

他出院八星期後，對我說：「我需要到卡特彼勒亞太總部（Caterpillar Asia Pacific）看一下。我是時候去跟進工作了。」那一刻，晴天霹靂，就像瀑布猛擊巨石，我感到希望幻滅，灰心、洩氣。漸漸，我確切肯定，萊利一幕一幕幻覺又回來了。我很有耐性地陪他到他的「辦公室」，在公司名稱牌上尋找卡特彼勒。我們找不到，他卻堅決認為公司確實在此。結果他找個藉口自圓其說，說忘記辦公室已經在他放病假時搬遷了。

我終於明白　生病是一個漫長的歷程

有一段短時間，我的情緒動盪不已。電痙攣治療後的八個星期，是何等幸福，我們享受跟正常的萊利一起。不幸地，這幸福實在太短暫。我在孩子面前裝作堅強，畢竟他們正在準備非常重要的考試，我要嘗試以幽默的態度面對一切。

我終於明白，萊利的病是一個漫長的歷程，既不可以暗自有錯誤的期望，也絕不可以放棄他。我懷着極強的信念，時刻為他禱告，盼望奇跡出現，讓那些珍貴時刻重現。

我怎樣維持婚姻的火花？我是否可以每天不辭勞苦地奉獻給他？我們最後有童話故事的結局嗎？他會完全康復嗎？這位穿起閃耀盔甲的武士能夠重回崗位，守護家庭嗎？每當我情緒低落時，這些問題便在腦中徘徊。幸好，盼望向我低訴：「多試一次吧。」

我不斷提醒自己練習 S.H.E。它可以幫助我們的婚姻重生，可以改善家庭關係。S.H.E 這方法要求我們有決

心及自覺。每天必須努力練習，直到練習成為一種習
慣。以前我太執着要立竿見影，急於看到萊利正面的反
應，但現在想通了，精神上已預備好，這是一段不容易
應付的歷程。

S.H.E 技巧（Shake off Humour Express）

掃走（Shake off）對不確定的感覺的不安、緊張和懼怕。不確
定的感覺往往是由於不知道對摯親患者該抱有什麼期望。

注入幽默感（Humour），在對話和遊玩中爭取每個機會去做。

表達（Express）你對摯愛患者的愛意、溫暖和尊重——公開
地透過話語，肢體語言及身體接觸表現出來。

從功能失調到恢復正常

From *dysfunctional*
to *functional*

2.1

重振自我

「生命是一個過程。我們是一個過程。天地萬物是一個過程。」

——安妮·威森·沙夫

"Life is a process. We are a process. The universe is a process."

Anne Wilson Schaef

照顧是一個每時每刻、全年無休的承諾。沉重的任務往往使人身心俱疲，因此照顧家人之先，必須學會照顧自己。許多時候，照顧者忙於照顧患病的摯親而忽略了自己的健康，難怪不少照顧者比病人更早離世。照顧者本身意味着守護所愛的摯親及自己，包括身體和精神方面。

精神病患個案中，無論照顧者或被照顧者，皆飽受心理衝擊，那些衝擊往往是源於意料不到的轉變。彼此猶如

在情緒過山車中起伏，一起經歷否定、憤怒、沮喪、歉疚、無望及無助等過程。照顧者幫助摯愛患者之餘，務必要愛惜自己，才可以減低消耗自己能量而又能夠跨越如斯傷感的歷程；保留實力和能量是當務之急，以面對種種生活轉變而調整生活。任何事情都會過去的，正如日出日落一樣。

照顧者必須知道身處情緒歷程中所屬位置，才可找出自己需要什麼支援以及誰可以提供協助。一旦讓提升自己至「倡導階段」（Advocacy stage），照顧者便會因為履行這角色而得到釋放，覺得箇中經驗深具意義。在這個階段，我們會對摯親康復之路感到樂觀，並且更樂意用建設性的態度去支持他們的需要。

照顧者需照顧自己的健康

我是屬於那種不在乎自己健康的人，後來才理解，作為照顧者，正正相反，必須注意自己的健康。我不能夠讓自己體能和精神虛脫，這樣只會影響擔當角色的效率。明瞭此道理之前，我浪費了九個月的心力，沉溺在

悲痛中，甚至與家人朋友隔離。那情況絕不健康，千萬
要避免。

在莫名悲痛之中，我聯絡了弟弟邁克（Mike）。邁克是
四兄弟姊妹中最年輕的，也是唯一的弟弟。他得悉我的
情況後極為震驚，我在電話中完全失控地飲泣，他唯
有沉默，靜待我冷靜下來。同樣情況也發生在好友艾
琳（Irene）身上，我把她嚇壞了。邁克和艾琳從來沒有
見過我脆弱的一面，他們很擔心我會做出傻事。結果那
數次通話成為我那陣子最需要的，仿如個人修復的活
命丹。他們就像腎上腺素劑，激活了我原已麻木的感
覺。邁克是一位超級聆聽者，我從他細心的撫慰中獲得
安慰，也安然把自己的痛苦卸下。

另一方面，艾琳善用幽默笑話和生活趣事逗我高興，
讓我開懷，釋放體內的壓抑。最後，我可以自由地呼
吸，放鬆緊張的肌肉，注意身邊美好事物。和艾琳一
起，我們避而不談萊利。她的注意力就放在我身上，
她常常鞭策我，讚賞我，堅稱我是她認識的女性朋友
中，最能應付逆境的強人。他們都是我的救生索，在

我陷入煩惱之時，幸得他們支持。我們真的需要聯絡一些熟悉的、深愛和欣賞我們的親友，他們可以幫助我們恢復元氣、增添耐力、繼續邁進。

追尋自我修復　體驗放下的感覺

我不斷追求內心平安，為修復自我尋找力量泉源。我清楚知道自己面臨著巨大的難關，最需要智慧和辨識力。我謙卑地接受偉大的神，倚靠祂的恩典，讓我充滿力量地去面對每一天。我有一個屬靈的請求，就是改變我這樣一個按規章辦事、機械式的人。我渴望活出更好的自己，很感恩，教會朋友和同事帶領我認識神，了解祂的國度，他們的幫助可謂傾囊而出。漸漸地，我學會把長期壓在內心深處的情緒廢物掏出來。只有這樣，我才可以把照顧者的角色看得通。喚醒了靈性，靈魂也復活了。我重建自己的身份，維持內在整體的和諧；建立有意義的關係、抱着夢想和希望去創造恆久的快樂。經過一連串的重整，我終能達致自我修復的境界。

很多人抗拒休息，只顧營營役役，全是為了避免想得太

多。我卻相反，刻意強迫自己安靜下來，體驗放下的感覺。首先我要心無雜念，把每次靜下來的時間延長數分鐘，然後從無甚意識的狀態走進一件事情，開始反省。對我來說，這是一件值得慶祝的小成就，因為箇中困難是難以置信的。隨着時間過去，我開始問自己：「在這情況下，可以活出更好的我嗎？怎樣可以為日常平凡之事而感到欣喜？生命的回報是什麼？」

這種觀點是指不要拘泥於能否做出單一的「大作為」，而是注視平時沒有停下來去細想的小情節。結果，我的感知力敏銳了，甚至通過萊利的眼睛，我重新被激活，看到愛之所在，希望回報他的愛，我會自然地、毫不吝嗇地流露出來愛意。只要對逆境所帶來的教訓，抱着感恩的態度，我們的關係便會更牢固，對個人成長有莫大裨益。

黑暗中到底有多少未知的事

2012 年 4 月，我們的車子被扣押，原因是我們有兩次違例泊車，每次被罰了八十新加坡元，但我們都沒有

付款和上法庭。我問萊利到底發生了什麼事，他反應如常：毫無頭緒曾去過哪裏，所以他不是犯錯的那一位。他的反應可以解釋為「真實」，因為我們沒有到過那個地方，不過同時也是「不真實」，因為罰款單上清楚列明我們的車牌號碼。在警方面前，我刻意克制自己不要和萊利爭辯。取回車子前，我們跟隨警方通知，與陸路交通管理局 (LTA) 會面。因為已經「藐視」法庭命令兩次，我們已沒有討價還價的餘地，只好上庭聽取裁判官的裁決。與此同時，我需要去刑事法院申請和萊利一起出外旅遊的許可書；因為他是我的保釋金賠償人，要確保我如期出庭。結果萊利在裁判官面前作為賠償人表現得非常好！這真諷刺！我不應該感到不安，應該欣喜地笑出來。我得到洪醫生寫的一封信支持，讓萊利展示給裁判官。看過那封信後，裁判官問我一個簡單的問題：「王小姐，你信任你的丈夫嗎？」我毫不猶豫地回答：「當然。如果我不讓他獨立，他怎可以融入社會？」她微笑着，判以最低罰款一百新加坡元，真是鬆一口氣。整個過程中，萊利在法庭內等着我，表達他沉默的支持。

在這個事件後，我克服了焦慮。「到底還有多少不可
預料的事件潛在黑暗中呢？」明顯地，萊利也沒有頭
緒。陸路交通管理局確定我們沒有新的罰款紀錄。那
麼還好，下一個可能是市區重建局（URA）的罰款，就
在他們要發出法庭第一次通知書之前，我及時找到了
他們，他們總共有我們五次違例泊車紀錄，但幸好，
我可以在那裏即時處理所有罰款。市區重建局官員知道
我的困境後，建議我使用 AXS 櫃員機，定期查看有沒
有建屋發展局 (HDB)、市區重建局或陸路交通管理局的
罰款。在處理最近六個月罰款的善後工作時，萊利一直伴
着我。我非常感動，我把他的陪伴理解為他表達悔意的方
式，雖然他從來沒有親口道歉，但那對我已是很足夠了。

我溫婉地向他微笑，握着他的手，緊緊地摟抱着他，心
中反覆唸着：「由此刻開始，一切違例紀錄一筆勾銷
了，我們會順利的。」片刻的沉默打開了我們溝通之門。
當我告訴他到底發生什麼事情時，他仔細聆聽着、點着
頭，同意以後會做好自己，並把今次事件永遠放下。結
果他做到了！我們最後一次違例罰款是 2014 年 5 月在亞
歷山大村停車場，而那一次只是一時疏忽所致的。

我們的選擇　會產生不同的結果

我們對情景的反應，會導致不同的結果。讓我們像影片回放一樣，回到交通警員那一幕。那個早上，交通警員站在他的摩托車旁邊，在我們車前準備查問我們，當時我正要趕回公司進行早上七時半的視像會議。如果當時我憤怒地責怪萊利製造這麻煩給我，你猜想後果會怎樣？他一定會感覺受辱，繼而反抗。如果我不信任他，在陌生人面前毫不顧及他的感受，只會讓他產生反叛心理，他定必視自己為受害者及無辜者。畢竟由於他的身體狀況，他的某些行為是缺乏意識的。很感恩我當時保持冷靜和有智慧去處理，最後帶給我們樂見的結果。

建立支援網絡是極其重要的，我們要讓多些家庭成員、朋友和教會參與。他們對我們的困境具有同理心，不斷給予患者正面肯定是非常關鍵的，只有這樣才可幫助他們融入社會，步向正常生活。接觸具同理心社交生態系統，既讓患者融入友善的氣氛和環境，也讓照顧者一同分享歷程，並且知道：我不是孤單的。加強了信念，必能排除萬難。

我讓孩子們多參與和醫生討論病情和預後情況，令他們更了解父親，把父子關係處理得更好，穩固一家人的關係。我極力鼓勵照顧者加入照顧者聯盟（CAL，一個非牟利組織，支持精神病患者的照顧者）或者其他私人互助組織及社區組織，好讓照顧者可以從其他人的經驗中學習照顧自己，成為優秀的照顧者。照顧者團體可以集腋成裘，成為有力的資源，提供同儕及群體支持。我是照顧者聯盟的義工領袖，聯盟讓我得到所需能力和技巧，既為他們的倡議作出貢獻，也能在個人情況中應用那些知識。

充足的睡眠可讓你保持最佳狀態

快樂可以創造無限可能，賦予我們正能量去奉獻及服務。照顧者必須先成為一個快樂的人，才可肩負責任。很多人都背負沉重的「睡眠債務」，這是經歷數周、數月甚至數年的睡眠不足而造成的，他們沒有警覺自己已生活在最佳水平以下。充足睡眠非常重要，睡眠可讓身體健康並保持在最佳狀態，對照顧者及對被照顧人士而言，都非常關鍵的。在萊利患病最初的一兩

年，睡眠對我來說簡直是奢侈品。萊利不斷被腦海中的
聲音喚醒，於是我們兩個都睡眠不足。我一向淺眠，
萊利的任何舉動對我影響都非常大。加上繁忙的區域業
務，我每天只能睡眠四小時，這樣的情況持續了差不
多一年。我很清楚自己不可以總是被睡眠不足折磨。
我們需要睡眠，因為這是最佳的醫療良方，況且睡眠是
免費的！照顧者為了滿足角色上的種種要求，必須優先
處理自己的健康。擁有高質素睡眠，平衡飲食，適當陽
光下運動，都可促使體內的血清素在無需服藥下達致最
佳水平。血清素是一種神經遞質，幫助腦部從一個區域
傳遞信息到另一區域。人們普遍相信，心理、生理等因
素，都會直接或間接地影響四千萬個腦細胞。神經遞質
的「健康」能調節我們的情緒、睡眠、學習、血管收
縮，從而幫助我們與人和睦相處。擁有健康狀態，加
上正面和快樂的心態，照顧者便可在心理及生理上裝
備好，每天以全新的精神和正念去迎接各種緊張情況
和挑戰。

自我照顧絕不自私

現代醫學中，自我照顧就是一種防禦性藥物。社會上有些人認為，自我照顧是自私、慵懶甚至過分放縱的，因此，有些照顧者會因自我照顧而感到內疚，尤其當他們享受生活而摯親卻在受苦時。我在此向任何照顧者保證，滋養及愛護自己，絕不是自私的行為，這是照顧者極其需要的，因為照顧者必須修復和調適自己，才有良好氛圍，不會在照顧患者時埋怨和憤怒；而負面的感覺和想法只會讓照顧者糟蹋珍貴的每一天。擁有正面情緒，可加強照顧者的同理心，會欣賞摯愛的患者，並熱切地為他的康復歷程喝采。

重新振作，一切煥然一新。相比三年前，我裝備得更好，可以處理任何未曾遇過的情況。記着，一定要向支援群組（朋友、親戚、照顧者同儕及宗教組織）尋求協助，他們會給予安慰及力量，讓照顧者勇往邁進。我很幸運，作為一位基督徒，神給了我最大的安慰，給我盼望、平安及喜樂。這些都是超越我們世人所能理解的，儘管我要面對那麼多的困難和歷經作為照顧者的挑戰。

2.2

考慮何人何事優先

「先做首要的事，次要的事自然隨之附上；
先做次要的，只會把首要和次要的事情都丟
失了。」

　　　　　　　　　　　　　——吉姆 · 喬治

"Put first things first and we get second
things thrown in; put second things first
and we lose both first things and second
things."

　　　　　　　　　　　　　Jim George

曾有一段時間，我的生活簡直是完全顛倒，問題排山倒
海而來，所有事情似乎都同等重要，急需處理。一天只
有二十四小時，其中十四小時工作，四至五小時睡眠，
一小時往返辦公室，只剩下寶貴的四個小時去處理自己
重視的家庭及處理私事。我不能再這樣生活下去了！
我決定作出一些轉變，按緩急輕重行事。事業一向是我
的最重視的，但自從 2012 年 12 月，我看到摯愛家人的

需要時，就認真地重整優先次序。終於作出決定——在
2013 年 1 月辭退惠普亞太區域辦事處的工作。

對我來說，何人和何事事情是最重要的呢？當下的選擇會
怎樣影響將來？以目前的能力來說，我應怎樣取捨？我身
在黑暗中最黑暗的深處——這是時候重整優先次序了。

思考怎樣的生活才是自己渴望的

定義什麼是最佳選擇，完全取決於什麼令自己更快樂，
或者怎樣的生活才是自己所渴望的。要作出正確排序，
就要根據事情的重要性先排出優先次序。我需要考慮所
有與優先事項有關的影響因素，這是絕對不能輕視的。
我很清楚自己為什麼選擇「問題男孩」（編按：作者的
兒子）作為最優先事項，因為解決這個問題可以導向更
好的成果，最後證明我的優先排序策略完全正確。我是
根據以下的次序處理問題的：一、留意我的兩位「問題
男孩」，處理他們令我不知所措的事情；二、和我的兄
弟姊妹及好朋友一起建立支援團隊；三、為萊利拒絕接
受治療尋找解決方案；四、短期內刻意縮減出遊計劃；

五、增進我對病況的知識；六、處理丈夫親人否定病情
的態度。

無論一個人如何有經驗或何等有智慧，都沒有最完美的
優先次序方案，只有在每一次學習中不斷實踐，直到感
覺效果良好，一次的結果就成為了推進下一次結果的基
礎。如果要思考或計劃一些超過三個月甚至六個月的事
情，非常困難，畢竟人際關係非常複雜，而面對的事情
也是多面的。

處理讓我挫敗的事

做夢也想不到，我的前面就是龍捲風，它圍攻着我，我
要去處理遺留下來的損害。對於傑米承受的莫大壓力，
我竟毫不知情。他一直在年輕人的身份中掙扎。身為 X
世代母親，我忽視了 Y 世代年輕人面對社會秩序及社
會期望的轉變時，是何等的脆弱。傑米的反應往往是，
把一切埋怨指向父親和我，尤其當他不能駕馭自己那股
年輕人的反叛情緒。他只會抱着蔑視的態度來衝撞我，
更常帶着憤怒，我們之間再沒有愉快的寒暄或交流。我

們的短訊交流充滿火藥味，總是指責對方犯錯。我們
已經撕破了彼此的心，更遑論紓緩這個長期困局。有兩
個歷歷在目、不能忘記的情景令我感到慚愧，其中一次
是因為傑米對萊利的無禮。我曾多次提醒他不要重蹈覆
轍，期望他能理解及順從萊利，畢竟他是父親。

一次，是當傑米做家課時，我捉住他，打了他一個耳光。
刺痛感和受害感在他冷酷的眼神流露出來。他本能地舉
起雙手準備攻擊我，但立即停下來，雙手停在半空中。
我踏向前，貼近他的面，測試他的膽量說：「如果你膽
敢碰我一根毛髮，我肯定立即拋棄你。」其實，同樣地，
我也是不能自制的。我真不知道為何走上了如此危險的
路。傑米個子高大，無論身高、肩寬和整體健碩程度
都不像是十五歲男孩！他退後幾步，在無聲抗議和憤怒
中轉身而去。我和他的冷戰持續了數天。令我詫異的是
萊利的態度，雖然他不會縱容傑米不尊重的行為，但認
為我打傑米絕對是錯的。萊利很冷靜，只是我自己完全
迷路失控了。

我沒有為兒子着想

還有一件事，源於傑米告訴我萊利拒絕服藥，甚至把藥丸丟了。傑米誤解我的回應，以為我怪他沒有盡力勸使父親服藥。其實我的困擾並不是衝着傑米而來的。不幸地，事情沒有妥善處理，結果是傑米內心受傷。我們彼此都沉溺在自己的傷痛中，沒有為對方想一下應該如何處理。記得那是在 2011 年一個傍晚，一次去菲律賓出差回國時，那些不理智的短訊其實是在我坐計程車去馬尼拉國際機場途中開始發出來。踏進新加坡航空的機艙時，一連串的口訊在我狂怒的一句「粗言」中結束。三個半小時的旅程並沒有讓我的心情平復下來。

當天晚上十時半我回到家中，傑米沒有和我打招呼，刻意冷待我。這令我非常氣惱，決意和他攤牌。我匆匆洗澡，那時我求神的大能能給我指引。我已經無路可走了。之後，我用旅行袋收拾傑米的衣服，連同他的電話和電腦，然後打開大門，喝令他離開。他拒絕、驚恐。這一次我決定不讓他好過。他緊張忙亂地聯絡邁克叔叔、多麗（Doris）姨姨及我的好友艾琳。他膽子很大，

竟然把我定位為問題人物。傑米對邁克這樣說：「請你和你姊姊談一談，令她恢復理智。」邁克還以為短訊是來自萊利，因為他知道萊利的情況。邁克立即致電給我，向我了解情況。我向他保證，我完全知道自己在做什麼，雖然事實上一切是倚靠神去拯救。

傑米向艾琳說：「艾琳姨姨，請你盡快坐計程車過來。我媽媽蠻不講理。」艾琳回應：「你媽媽是我的朋友當中最理智的。如果是因為懲罰你不守紀律，我不能介入。如果你是做了一些錯事，快向她道歉吧。」困局持續到凌晨。傑米最後知道我決意消除彼此仇恨，堅決重新開展關係。最後我們在凌晨三時和解了。我道出我對他作為兒子及瑞安的哥哥的期望，又重新建立和他的界線。那一次是一個轉捩點，傑米重新開始理智的行為。如果我當時沒有選擇果斷行動，臨崖勒馬讓他回來，訂立界線，我會完全失去他。背後的風險就像一把雙刃劍，可向相反方向發展。感謝主，我摯愛的兒子展開了新的一頁！

我忽略了母親的角色

傑米的事讓我上了寶貴一課，學會在任何時間都排妥優先次序。優先的不是萊利，而是兩個寶貝兒子。他們的心靈受創，我必須盡快去呵護，去協助他們復原。我肯定自己無法在照顧萊利之餘，又能處理兩個「問題少年」。一個失效的家庭只會窒礙萊利的康復。我太關注萊利拒絕治療和服用藥物，卻看不見傑米的痛苦和煩惱；更忽略了母親的角色──那角色在孩子青少年時期是何其重要。沒有妥善處理這角色，是我生命中最大的遺憾。

傑米受苦也折磨家人。因此協助傑米在成長旅程中找對方向，瑞安也會有所裨益。傑米的憤怒荷爾蒙令他暴躁，罔顧弟弟感受。我觀察到，他對瑞安有欺凌的行為。有一次我們參加一個家庭聚會，一起看由 Rowan Atkinson（即飾演戇豆先生的喜劇演員）主演的電影 *Johnny English Reborn* 。傑米邀請了他的一位韓國好友，但他刻意在介紹時忽略瑞安！瑞安不斷嘗試令人知道他的存在，有好幾次他在偷看傑米和朋友，希望自己被

注視，可是傑米卻無情地把瑞安丟在一旁，只顧和朋友欣賞電影。

有時候，傑米會忽然對瑞安動武，又命令他做這做那。瑞安只好沉默抗議，他害怕顯出不滿的樣子，卻又提不起勇氣還手。瑞安沒有向我投訴，因為相比哥哥，他的身形瘦削，擔心傑米會向他報復而無力招架。當時我在跨國公司從事區域工作，多半時間不在家，在瑞安多次感到無助的時候，我都無法騰出時間陪伴他。瑞安不能求助萊利，因為萊利對周遭事情已經漠不關心。不久，我收到瑞安的班主任及導師來電，投訴瑞安缺席。其實瑞安用了自己的方式反映，他的行為無非是要爭取我的注意。

轉化過來的傑米對瑞安克制了。然而，瑞安畢竟曾受傷害，最初不肯相信哥哥改變了。把舊的傑米重新轉化過來，歷時十八個月，而重建他們兩兄弟的關係更差不多花了兩年時間。他們嘗試一星期至少一齊活動一次，例如打籃球、去看電影、逛街。傑米變成一位好哥哥，不再去挑瑞安的弱點，而學懂欣賞瑞安的強項。

有天傑米説：我不想就此放棄爸爸

有一天，我躺下小睡一會，傑米過來凝重地說：「媽媽，我們不能讓爸爸如此下去。你為他另找醫生吧。我覺得醫生（萊利的第一位精神科醫生）不太適合爸爸。爸爸已有一段日子沒有看醫生，醫生也沒有致電問候爸爸的情況。我不想就此放棄爸爸。」就在那一刻，我用欣賞的眼神看着傑米，內心充滿微笑。看見傑米正面的轉變，我有信心，我可以注滿力量去面對每一天。

對傑米的進展，我感到莫大的鼓舞，推動我接觸更多朋友去尋求意見及建議。就因為這樣，我找到了洪醫生。他給萊利處方另一種抗精神病藥物——Invega，此藥比起早期處方的 Dispersal 更能有效地控制萊利的幻覺。調校到適當的份量，兩至四星期便可讓病人產生戲劇性的改變。Invega 就像「靈丹妙藥」！萊利大部分的症狀已經控制下來，我可以面對他親人一直以來的抗拒態度。每次當我向萊利母親提及最新情況時，她都會問我會否讓她兒子過度服藥。我只好咬緊牙關，不對她的指責作出什麼反應，反正我需要把每一分能量用於萊利和兒子

身上。

生活的碎片正慢慢整合

生活中的碎片好像一片一片地慢慢重新整合起來，我可以審視及重整先後次序了。擁有正面的精神框架後，該是時候吸取關於萊利病況的知識，增進對精神分裂症的了解：到底什麼導致精神分裂，症狀是什麼，治療的類別，從何得到治療，各種精神藥物處方及後遺症等等，讓自己更勝任照顧者的角色。

我的目標是把碎片縫合過來，完美地恢復為一個整體。我選擇放棄亞太區的事業，因為這工作有過半的時間要出差。我必須全心全意，用所有能量去修補碎片，期望重建堅實的家庭關係。我們不能預見將來，但有一件事可以肯定的，那就是忍耐和包容是必須的，讓時間成為黏合劑，把碎片重新整合為一體。

懷抱希望，把目光放於未來

「過去往往是充滿壓力，而將來是完美的。」

──查蒂·史密斯

"The past is always tense, the future perfect."

Zadie Smith

一棵樹被颶風蹂躪之後，就會長出更深的根，長出更強的樹幹來支撐和孕育樹葉及果子。這個信念喚起我對未來的希望，賜予我力量，帶走我的恐懼。只要有希望，便較容易去忍受眼前的困難。

「假如我遺傳了爸爸的病，根本沒需要考慮將來！如果知道爸爸有這樣的病，哪一位母親會讓女兒和我結婚？」聽到兒子這樣說，我該怎樣辦？傑米這些話傷透了我的心，也透露出一位十四歲孩子的絕望，對將來的

生活失去信心。這番話煎熬和撕裂着我的心。不過，直到今天，我都不忘提醒自己，每一天都有機會為他及家人扭轉局面的。

生命是一場正面和負面力量的角力

生命就是一場正面和負面力量的角力，這場戰爭就在我們腦海中形成。我可以怎樣改變自己的眼光，正面地去看、去想，用心中的愛，加上同情和理解，去接受障礙、限制和不完美呢？我怎樣可以創造一個適當的環境給兩位兒子，其他親人及朋友，共同用正面態度面對精神病患者呢？創造正面思想涉及運用潛意識，腦海需要儲存許多美好回憶、思想和經驗。當我們看見半杯水時，覺得杯子是半空還是半滿？這就是一個觀念與角度的問題。許多病患照顧者非常擔心，當自己沒有能力時，誰會來接手照顧。其實最關鍵是照顧者要先創造機會，讓親人及朋友都能夠正面看待患者，藉此找出有潛力的親人一起計劃將來，包括訂立正式授權書給繼承人。

進行有趣的活動　團結家人

只有在摯親患者已進展至精神康復階段中的「行使決定權階段」時，才可以提議一些有趣的活動。這個階段的特性是患者已經準備重新學習。作為照顧者，我們的角色是協助他們重建生活，訓練他們獨立及對自己負責任。他們必會經歷情緒的起伏，例如懷疑自己、恐懼、自尊感強又或突然過度興奮。我建議，首要目標是培養他們的動力和韌力。要記着「欲速則不達」，必須一步一步擴大他們的情緒舒適區而漸漸實行，對於穩定他們的情緒有莫大益處。透過四年來觀察萊利對不同活動的反應，加上分析我們當時對他不同程度的鼓勵，我推斷了上述看法。

一般而言，精神分裂症或其他精神病的其中一個症狀就是害怕失敗及討厭被排斥。「沮喪地逃避」往往變成他們的情緒舒適區。萊利也有類似情況。因此，每當他做對了一些事情，我就會讚賞和感謝他，好讓他振作起來，再接再厲。

我建議大家創作一些安全簡單的活動，既有趣，效果也
明顯的，例如玩遊戲或做運動就是破冰的好方法，每個
人都在過程中為共同的目標而努力。在親切關懷的環境
裏，往往能包容錯誤，這種氣氛可培養患者自信及激發
創意。在沒有威脅性的環境下面對新事物，患者一般都
會勇於嘗試。萊利和兩個孩子一向富有冒險精神，安全
性太高的活動和遊戲只會令他們失去興趣及覺得沉悶，
繼而產生惰性，減低參與動力。作為照顧者，要知道摯
親患者的興趣和嗜好，才可以度身訂造有趣的點子。

參加潛水和人體飛行

萊利曾經是一個潛水迷，早年已考獲高級潛水證書。他
酷愛海洋生物，稱大海是他的天堂。然而，到今天為止
我也不明白，為什麼作為資深潛水者的他，竟說不懂得
平衡耳壓。在深海中，潛水人士必須把進入耳朵的水清
除，以達到中耳和外面壓力平衡。患病後，2010 年他
曾經在西巴丹島的卡帕萊（Kapalai, Sipadan）嘗試潛水，
但失敗了。那一次之後，他就不願意再潛水了。即使到
了 2013 年 6 月，在馬爾代夫，我們哄他試玩浮潛，他

也不願意。到了 2014 年 6 月，我們到菲律賓長灘島度假，在一家人再三勸喻之下，萊利終於有了突破，雖然他只玩了不到十五分鐘的浮潛，我們也覺得是了不起之舉。之後更可鼓勵他到海中玩風帆。他變得活在當下，整個人活躍起來，何等奇妙！當然，要完全克服恐懼，甚至從容地重拾潛水活動，仍是漫漫長路。

2011 年 7 月，我們在新加坡 iFly 玩室內人體飛行。導師介紹時，萊利特別留心。他懂得問許多技術上的問題，例如怎樣控制身體位置，要注意什麼安全措施等等。我們驚嘆不已，因為我們當中都沒有人懂得問這些問題。每人可以玩兩個回合，每次三十秒左右。在安全帶保護之下我們放心任意伸展，真的飛起來了，最後更拿到了證書！這次就是在洪醫生改了抗精神病藥處方，即由 Risperdal（第一位醫生的處方）改為 Invega 之後數星期的事情。Invega 令他對事情更有警覺性，增加了他的存在感，和我們相處得更好。

增加活動的冒險程度

我繼續擴闊萊利的體驗，增加活動的冒險程度。要有好的開始，秘訣是在於用成功感去建立「感覺良好儲存庫」。我們首先進行的是本地室內活動：4D 模擬體驗，人體飛行，進而到聖淘沙島的戶外活動，例如天際線斜坡滑車、自由落體、跨過湖上的高空滑索。萊利很保護瑞安，堅持高空滑索時和他一起。他揮着手，在空中向我呼喚，光芒四射。

到海外旅遊時，我們先嘗試印尼峇里島和日惹的激流泛舟、峭壁放繩下滑，再嘗試馬來西亞霹靂州務邊的救生圈泛舟，又到中國北京滑雪度假區，在山上乘雪橇及從山上用平底雪橇滑雪下來，進而在印度古爾馬格爾滑冰、喀什米爾帕哈爾加姆山上騎馬，無懼斜坡的濕滑。很慶幸萊利沒有因為我們發生輕微意外而嚇怕了。那次意外發生在我們租用的小巴，由於雪地滑，車輪滑胎而撞到大閘，其中一位嚮導嚴重受傷。事發前他站在小巴後方，結果他的腿被夾住了，他痛苦呻吟，其他嚮導急忙把他救出來，並移走小巴。小巴後面的窗完全碎掉

了，其他嚮導立刻加上透明膠片，讓我們在寒冷的天氣之中保暖。

萊利目睹的另一場意外，涉及我妹妹茱迪（Judy）的六十七歲奶奶（編按：即丈夫的母親）。她不諳水性，當我們在印尼日惹參加泛舟時，遇上漩渦，她被摔出木筏。萊利看着拯救隊行動時，表現得十分關注。當晚，萊利說，他很驚嘆和佩服茱迪的奶奶在困境中仍非常勇敢和冷靜。萊利沒有被嚇倒，也沒有因為這些事件而變得過於防備和警惕。換了是患病早期時遇上這些意外，他一定會擔憂不已。話雖如此，他還是非常討厭滑雪，甚至拒絕再次嘗試，因為他認為滑雪時要保持平衡仍然是十分困難的事。

我們到戶外野營　萊利變得判若兩人

2014 年的農曆新年期間，我和姊妹們決定到馬來西亞文冬（Bentong）深處野營，那是一個盛產貓山王榴槤的地方。我們需要駕駛一個半小時，坐着四驅車，在崎嶇的路上尋找適當的位置，好把帳篷搭建起來。我詫異

的是，萊利和嚮導、原居民等相處甚歡。眼前的萊利和
患病後一直害怕接觸陌生人的他簡直判若兩人。我們一
起玩棋牌遊戲直至凌晨。由於地勢不平，難以入眠，那
天晚上大家都睡不好。萊利整晚的警覺性都很高。到了
第二天，我們在營地不遠處發現老虎腳印，萊利沒有驚
惶失措，似乎他接受了這就是大自然。我卻暗暗慶幸，
我們只在那裏紮營一晚。你也許記得萊利患病初期是何
等焦慮，認為孩子會忘記帶鑰匙回家，及曾以為安全受
到威脅而產生恐懼。他進步真大！

他接受和親人到空曠的地方作戶外活動，甚至願意去過
寒冬假期。他患病以前不喜歡到寒冷地區，假期首選去
處都是陽光海灘或是小島旅遊勝地，患病後他反倒願意
到中國西安嘗試戶外溫泉。溫泉泉水的溫度大約攝氏
四十二度，而外面氣溫是零下三度。他在晚飯前浸浴
十五分鐘，又在睡前再浸三十分鐘！結果他像嬰兒般熟
睡。他非常滿意自己的體驗。

患病的最初階段，萊利什麼都說「不」，我真害怕他因
此會自我隔離，阻礙了他的康復，甚至影響他融入社

會。經過多番努力下，我很高興有些事情可以回到正軌上。本來的萊利就是一個自告奮勇、願意參與任何事情，而在安全問題上從不輕率的人。

慶祝美好的事　即使那微不足道

當有正面事情發生時，無論何等細微或看似不重要，我們都要慶祝及享受一下。不要忽略這些事情。不單是患者，連照顧者也需要安多酚及血清素去推動自己。無論進步看似是怎樣的微不足道，我們都值得回憶箇中歷程，加強信念，心存希望。

只要萊利做得好，我便會和孩子、兄弟姊妹及好朋友討論他的進展，確定一下他們有沒有留意到。蒐集他們的看法有助自己移除一些偏見，也可以幫助評估到底萊利的治療方案是不是有效。這些資料異常珍貴，因為是從第三者的客觀觀察而來，有助精神科醫生安排康復的預後工作。

學會處理患者負面情緒

我們要有心理準備，當患者嘗試後卻失敗了，必然會產生一些不良後果，屆時我們要懂得如何處理。透過遊戲可令萊利接觸更多人，但也有風險，會讓他增加負面情緒。這種負面力量可能被他自己及周遭的人再強化。為了減低風險，我會小心分析他當時的情緒，千萬不要忘記他的性格特質，也要知道他是否準備好，及願意踏出一步。

最初，只有我和他兩人玩撲克牌、Scrabble 拼字及百萬富翁遊戲。我不斷觀察他對勝敗的反應，他的行為和反應就是反映着他的感覺。我必須減低求勝心態，即使我贏了，也不會讓他覺得自己太糟糕。直到他恢復信心，也不介懷失敗，我便把參與圈子擴大，包括了兩位兒子。接着我明白，他已懂得享受當下，不計較比賽成敗。他已經像破繭出來一樣的。我不斷跟進，循序漸進地增加遊戲的密度和擴展至更多活動。

學會放慢　有愛和忍耐就毋懼跌倒

要照顧者在面對萬難中,還要保持愉快精神,也許是一種苛求。然而,只要有愛和忍耐就毋懼多次跌倒,這就是成功的竅門。

我曾把目標定得很高,太在意是否得到即時效果。我欠缺耐性,經常自以為操控大局。現在我學會把船帆放慢下來,在過程中清醒地享受作為照顧者豐盛的生命。萊利的康復之路,只是在漫漫長路的起端,期望他能取回被精神分裂症盜走的七年寶貴光陰。每一天,我都祈禱,求神在我意想不到之時,應許我的盼望。

2.4

Strike the right

保持平衡

balance

「平衡不是指更佳的時間管理，而是更佳的界限
管理。平衡意指作出選擇，及享受那些選擇。」

—— 貝茜·雅各布森

"Balance is not better time management but
better boundary management. Balance means
making choices and enjoying those choices."

Betsy Jacobson

你有多常想說「不」卻偏偏說「是」呢？正面感覺和建
立界線就是我們裝備庫中保衛自己的兩件關鍵武器，維
繫照顧者和病人關係的愛。保持健康的界限可以讓照顧
者感到被尊重，而非因為旁人認為凡事理所當然，而把
自己困在怨恨的夾縫中。一般而言，我們只要實踐界限
的設定，關係便可以改善。

建立合理的界限

用智慧去建立內在及外在的界限。內在界限包括調節我們的自律性、思想、情緒、行為和一時的念頭。當我告訴一些人：「你越界了！」就是指有人破壞了界限，導致我有精神壓力或者感到傷害。照顧者必須訂立合理的界限，然後實踐，才可以履行責任，而不要覺得自己像在救生繩末端那麼絕望。總而言之，照顧者就是一個任勞任怨、不求回報、年中無休的工作。照顧者必須創造及尋找自我價值，從而從容地達成任務。除非我們先照顧好自己，否則我們不能協助他人。

我很早已經決定要有一個明確的界線，作為自我保護，才可以成為萊利的主要照顧者。否則，我怎可能做到婚約中「至死不渝」的誓言。萊利不大懂得欣賞我的獨立，因為他在妄想中仍以為自己是整個家庭的經濟支柱。在孩子關鍵的發展和成長階段中，我必須驅走他們的恐懼，也要設法保障孩子的個人權益。我必須清楚了解，我再沒有事業作為靠山。我不想製造錯覺，為了維持表面和平局面，及被人家讚揚自己無私精神，便不顧

一切去滿足萊利的每個要求。一個有「功能障礙」的家庭只會加劇問題，結果傷害了大家，有時甚至引起暴力。這情況尤其出現於照顧者覺得在單向的關係上，自己犧牲了個人幸福。如果讓萊利完全倚賴我們，對任何人都極不健康。我們需要給予他力量去獨立，令他在社會上充滿自信地運作。

無需訂立懲罰

界限不是指懲罰，也不是要照顧者控制其他人。清晰的界限可幫助管理期望，促使互相尊重。照顧者需要和患者溝通事情的後果，以鼓勵大家去遵從。我們不要威脅，不要訂立什麼懲罰，除非我們完全準備真的會那樣做。一旦不斷破壞內在及外在的界限，只會摧毀美好的意圖，相反地加強了負面力量。

萊利和我從小都不喜歡浪費食物，我們不願看見剩下的食物，同時也討厭吃隔夜的餸菜。因此我們只會準備和購買適當的份量，足夠當餐享用便可。萊利患病後，估計份量不再精準。2013 年有連續十天的情況中，他買

了六人的份量，而不是四人的份量作為我們的午餐及晚
餐。有一次，我晚上八時回家，看見餐桌上放了西班牙
乳豬和三份排骨，而我們早已清楚告知他當晚他只需預
備自己的晚餐，因為各人都有自己的飯局。我把食物拼
湊一起後，趕忙分發給鄰居及住得較近的好友。幸好他
們非常享受那些豐富美食。這頓晚餐花了我們三百新加
坡元！不過，這些事情只是在萊利最壞的精神狀況下
發生的，那時他即使服藥，腦海中的溝通網絡仍幾乎完
全堵塞。今時今日，類似事件偶爾也會發生，不過次數
很少，涉及的費用不大，浪費也不多。

有時我氣炸了，是因為他竟然漫不經心叫我丟棄食
物，我和兒子又氣又惱，往往成為他這些浪費行為的受
害者。他回憶起來，知道是自己買得太多了，但他從不
道歉，也不願承認責任。我需要和他建立一個清楚的界
限，界限就是他必須為自己的錯誤負責，無論他是有意
還是無意的。如果他再購買過多的食物，以後他都要獨
自一人吃飯，或者翌日他要吃剩餘的食物。我們告訴
他，如果他選擇前者，他無需再理會我們其他三人每
周不規律的晚餐時間表，如果他選擇後者，與家人共

進晚餐為原則，他必須在買食物之前，查看 WhatsApp 或者短訊，甚至致電給我們確定一下是否回家吃飯。我深信萊利關心和深愛家庭，所以他會選擇第二個方案，就是和我們一起吃。我們堅持執行協定，起初他反抗，但我立場堅定，提醒他這是他的選擇，而他要做好作為父親的角色，為兒子建立好榜樣。

沉着冷靜地和患者溝通

堅持主張不等同好鬥地爭取。我們要保持冷靜沉着、說話堅定，運用平常的聲調說話而不是大喊大叫，才會起到作用。這樣做便會減弱摯親患者的防衛機制，鼓勵他們服從和合作。我經常提醒自己，訂立界線背後的目的是愛，而不是排斥。我一直使用愛的語言，因為我知道萊利心底深處，是希望我們快樂的。我開始和他隨意地聊天，討論過去幾年我們在生活上遇到的分歧，以及我希望怎樣生活。

我加倍小心和萊利的溝通，因為他自尊心很重，不會欣然接受任何約束。我沒有爭取佔上風，只是坦率地道出

我關心之事，我們談到，如果在他這種狀態下，我們還繼續置之不理，會有什麼好處和壞處。選擇適當的時候交談非常重要，一定要在他存在感很高之時，才可作出充滿理性和感性的對話。

其實在正常情況下，我們都應該運用上述的方式與伴侶溝通，更遑論是面對精神科患者。我們必須知道精神病人也有尊嚴和自尊心，他們希望像其他人一樣，得到平等的看待。我們愈是能分散對病情的專注，便愈能夠以人為本。如果我們懂得應用一些心理治療方法，這場仗已經贏了一半。

重建家庭成員的團結精神

設立界限可以幫助我們定好角色的身份和改善家庭關係。界限定清楚了，每個人都尊重及堅守，大家便可以減少衝突，改善溝通，推動家庭成員和解，重建同一屋簷下的團結精神。畢竟當有家庭成員飽受精神病困擾，全家人都會受到影響。

某些情況下，設立適當界限涉及群組之間的磋商。有磋商便有妥協，但有些事是絕不能妥協的。照顧者要保持靈活是很重要的，有些時候談判的界限也許要稍為移動，因為當患者的精神情況改善，和家庭的互動也會逐步發展。舉一個關於不可妥協的例子，就是孩子怎樣稱呼父親，孩子絕不容許叫萊利為「那個男人」（編按：英文原文為 That man）。我向兩位兒子重申，萊利是他們的父親，正如每位父母一樣，值得被尊重。這個身份絕對不會因為他的病而改變。因此，如果兒子排斥父親，就等於排斥我這個母親。

毫無疑問，這一點我會站在他們父親的一邊，因為我不能接受任何孩子對父母不尊重。孩子也非常清晰知道，如果他們不尊重父親，我會放棄他們。假如我立場稍為放鬆，整個家庭就會處於可怕的混亂中。一旦縱容他們對父親無禮，就等如認同不當行為，這樣只會對家庭產生嚴重影響，如果沒有家庭作為強大的支持基礎，萊利康復之路更見困難。

面對種種危機，我必須強調家庭整體的重要性。堅守強

烈核心價值，防止家庭分裂。家庭是孩子來到世上，最
初感受愛及學習如何愛人的地方。家庭就是生命中遇上
逆境時的避難所。

投入更包容的家庭及
社會

Towards a more

Iinclusive home and
community

3.1

Make your home

創造沒有偏見忌諱的家

stigma
'free'

「你不是你的疾病；你有自己的故事要訴說；你有名字，有歷史，有個性。做好自己就是作戰的一部分。」

——朱利安·塞弗特

"You are not your illness. You have an individual story to tell. You have a name, a history, a personality. Staying yourself is part of the battle."

Julian Seifter

不像摔斷了的手臂或腿部，一個破碎了的思想看不見傷口。有些人認為精神病人不再是一個完整的人。我們為什麼要邊緣化精神病人？實際上他們最需要被人接納。為什麼我們視若無睹，罔顧精神病人的沮喪情緒？我們需要透明度，需要不感羞愧地去討論、公開談及精神病患，而不是故作沉默。希望有一天，大家能毋懼地討論現在飽受偏見和忌諱的精神病問題，就像在討論癌

症一樣。

精神病往往是忌諱，或者不可告人的話題，主因是精神病經常被視為軟弱，形同判了死刑。這全因為人們欠缺認知及帶着偏見。結果精神病人恐懼、迴避，或者嘗試戴上假面具扮作正常人，而不把自己情況告知朋友、同事及僱主。

根據世衛組織的報告，在低等收入及中等收入國家中，約有百分之七十六至八十五的精神病患者沒有得到治療。在高等收入國家中，約有百分之三十五至五十的精神病患者也是處於同一情況。

這些數據充分指出忌諱和偏見導致精神病患者延誤了治療。我深信如果能夠教育及說服患者，病發時及早尋求適當治療，統計中的比率便可下降。如果社會能夠接納精神病患者，便可鼓勵他們尋求早期治療，增加康復的可能。

亞洲社會中仍有人把精神病患標籤為「瘋子」

年輕時，常聽到年長一輩標籤一些人為「瘋子」，認為
他們很危險，勸喻我們遠離這些人。年長的人往往把精
神病患者聯想到靈體入侵，於是找巫醫、祈求神明或驅
魔者提供治療。亞洲社會仍然存在這種想法，只有教育
大眾，才可增加對精神病的理解和認知，從而引領患者
找到合適的資源，得到正確的治療方法。患者如果長期
自我隔離，避開跟別人溝通的機會，又不去尋求適當的
治療，無論對自己及家人，都是一種折磨。

我非常懷念過去美好的日子。那時候，我們常邀請一大
群朋友和親戚來家中歡度節日。現在，那些輕鬆的交
談、不絕的笑聲已再不是患有妄想症的萊利所能忍受的
了。萊利本來十分喜歡交朋結友，如今卻變了另一個
人。他不再健談，對大部分事物不感興趣。我們該怎麼
辦，就讓他獨處嗎？還是勇敢地鼓勵他變回真我？

克服對精神病的忌諱

有一次，傑米約了中學同學周末在家中看 DVD 電影。當時是 2012 年，萊利經常顯得煩躁的日子。他在客廳和廚房之間徘徊，這引起傑米的一位印度女同學的注意。她是傑米的好朋友，具有敏銳的觀察力。她看出萊利有點不對勁，她問傑米，他父親有沒有什麼不妥的地方。傑米憑直覺判斷，那位同學思想成熟，懂得如何處理別人與她分享的事情，便向她透露了父親的情況。我為此感到高興，因為傑米已經勇敢地踏出一步，克服對父親患有精神病的忌諱，邀請朋友來到家中，而他懂得挑選適當的朋友訴說父親的病況。傑米可共同分享的朋友圈子逐漸擴大了，不少同學也漸漸接納我們家中的情況。

令人不快的事情總會發生，這無可避免。2013 年 9 月的一個下午，傑米邀請中學的舊同學來家一起玩電腦遊戲。開始的時候，一切安好，但到了黃昏，萊利重複問了傑米六次，他的朋友是否很快離開。傑米看見形勢不對勁，便嘗試勸父親返回睡房，睡房就是萊利的「聖殿」。很可惜，那一次萊利並不合作，他突然變得很激

動，拿起傑米朋友的手提電腦，命令他立刻離去。那時我在外開會，當我知道此事時，立即致電傑米的朋友，向他解釋並道歉，儘管對方本來也略知萊利的病情。事件之後有一段冷靜期，這位朋友不願意來我們家中，幸好再過了一段時間，情況回復正常。直到現在，傑米和那朋友仍然保持良好的關係。偶爾當傑米心情不好時，也會埋怨自己不幸的處境，以致不能經常邀請朋友來家中，不過他的憤怒尚算快速平息。有一次，萊利趕走了傑米在新加坡理工學院認識的朋友。當時那些朋友已到達我們家的門口，但萊利拒絕開門，對方不斷請求說：「叔叔，你好！我們可以進入你家中等候傑米嗎？」那天下着滂沱大雨，萊利始終不肯開門，朋友只好在外面等候傑米。傑米匆忙趕到，也沒空洗澡，只換上乾爽衣服，便和朋友若無其事地，踏着踏板車去金文泰購物中心吃晚餐。我非常明白，傑米也需要情緒出口，好讓困擾和壓抑發洩出來。我真的為傑米感到驕傲，他沒有因為父親的表現而感到羞愧，也沒有埋怨父親讓他在朋友面前尷尬，更沒有因此而排擠他。

建立信心　坦然說出患者的情況

另一邊廂，瑞安則需要多一點時間去建立信心，及學習坦然地跟朋友談及父親的情況。他的突破點是在 2015 年中。記得在 2013 年，瑞安的一位好友向他傾訴家事，道出他的母親是一位躁鬱症病人。瑞安很有同理心，主動跟朋友的親人見面。他並不害怕，更沒有任何偏見，畢竟他對精神病患者已有基本的認識和理解。我們在家中經常交流意見和討論病況，加上他曾多次陪伴萊利一起見精神科醫生，深化了對精神病患的認識及理解。

接納就是修復心靈的一條鑰匙。任何人只要接納精神病患者，便可以令自己根除內心的恐懼，從而給予患者、照顧者及其他家庭成員新的希望。

每次經過特別的事件，無論事件是令人愉快或沮喪，我都會趁着萊利精神狀態稍佳時，馬上和他作出事後評估。在他表現良好的地方，鼓勵他再接再厲，在表現不佳的範疇上，則會批評及指正。有時萊利非常固執，極

度抗拒，原因很簡單，他要維護自尊，又或者非常厭倦
我的責備。不過，如果我向他耐心地解釋，指出他的行
為會為孩子的情緒發展和友儕關係造成不良影響，他便
會顯得寬容一些，甚至道歉。萊利的道歉，對我來說是
一種安慰，我常趁機對孩子解釋父親的立場，讓他們彼
此欣賞對方的觀點，改善大家對精神病患者的理解和加
強同理心。

摒棄偏見和忌諱　不因他人看法而影響立場

對精神病患者有沒有偏見和忌諱，完全在於我們採取什
麼態度，千萬不要因為其他人的想法，而影響了自己的
立場和態度。

有一段日子，每逢家長教師會面日時，如果我不能參
與，孩子就寧可家長缺席也不想讓父親去跟老師見
面。當然他們也不放心邀請朋友到來家中。於是我決定
為孩子建立榜樣，邀請萊利參加公司的一個活動。那活
動是公司為了表揚全球及區域優秀表現者而舉辦的，在
夏威夷、首爾及台北舉行。孩子十分憂慮，他們很關心

地問我：「媽媽，你不怕爸爸突然失控，行為異常嗎？如果發生失控的事，你打算怎樣處理？」坦白說，我心中沒有答案。我向他們說，我願意踏出這一步，無論有什麼事情發生，我都有信心去面對。我一直誠心地祈求上主保祐。結果，沒有任何人覺得萊利有什麼不妥。之後我嘗試多次和萊利並肩出席一些隆重的場合，效果很理想，這就成為孩子願意摒棄偏見和忌諱的轉捩點。

我們選擇先和誰人分享問題是很關鍵的，因為對方的反應有可能鼓勵我們作出正面的行動，也有可能打擊我們再去信任第二個人。因此我們必須挑選一位既親密又肯耐心聆聽我們故事的人。這個人不能帶着偏見。曾經經歷極大悲痛或失去親人之苦，而仍然保持正面積極的人，往往就是最佳人選。

用相關知識裝備自己

我們要保護家人，避免大家成為偏見及忌諱之中的受害者，方法就是讓自己擁有對病情的實際知識。我們不用害怕資源不足或自己太無知，這些問題絕對可以

克服。相比二十多年前，現在尋找資料不算是一件難
事。身為照顧者，我們需要緊密聯繫精神健康護理專
家，包括精神科醫生、心理醫生、輔導員及復康專業人
員。通過和這些專業人士的交流，我們會得到許多補充
資料，日後便更有信心去討論，甚至指出其他人對精神
病患的誤解，投入建設性的話題，例如照顧患者的方
法，以及教育社會大眾關於精神病患知識。

2011 年中，我開始蒐集有關精神分裂症的資料，看
過不少參考書和錄像紀錄片，從中對比我對萊利的觀
察。我不厭其煩地寫下「什麼需要避免」、「什麼不妨
一試」及了解哪些事情可行，哪些事情不可行。我認識
到康復期有不同階段，及其中異同之處。人際關係的複
雜變化、患者本身的性格、遺傳基因、藥物反應，甚至
患者身處的社會環境，一切都是病情的變數。尋找各種
問題的答案是沒有捷徑的，全賴照顧者不斷探索，有時
候必須從失敗中學習，才可覓得對摯親患者有裨益的可
行方案。

鼓勵同路人分享　成為倡導者

分享知識和經驗，絕對可以幫助同路人。透過分享，
我們既可提高彼此對精神病的認知，又可鼓勵更多人
並肩前進。跟別人分享就好像大家都在快線上行走，
縮短了每一個人的學習時間，舒緩內心的痛苦掙扎，
甚至改變不合時宜的想法。照顧者可以透過同路人之間
的支持，把自己的角色延伸到社會上。明白自己不是唯
一的苦主，便更樂於幫助其他苦主看到隧道盡頭的光
明。照顧者本身能夠克服困難，就成為最有說服力的倡
導者。他們可以推動反歧視，倡導摒棄對精神病患者的
忌諱。處身互相影響的世界中，我們要建立包容的社
會，鼓勵大家接納彼此的相異。社會不應該歧視任何疾
病，無論那些疾病是否影響人的心靈、面孔、精神還是
肢體。照顧者走在一起，團結一致，便可成為一個有
力量的網絡，正面地影響社會的行為。懷着熱誠和愛
心，照顧者一定可以為摯親作出有意義的貢獻。

A wife first,

先做妻子，再做照顧者

his caregiver next

「成為某人的初戀很棒，成為他最後的愛人就
超越完美。」

—— Aysayako

"Being someone's first love may be great, but
to be their last is beyond perfect."

Aysayako

婚姻仿如用千條萬條幼小的線，細心縫合歷盡的磨損及
傷害。如果雙方關係不再，內心那種寂寞，比起不能相
見更糟糕。只要雙方願意，婚姻才可一直維持下去。

曾經有九個月，我為「失去」丈夫而哀痛。即使萊利
仍是活生生的，但我必須接受眼前的他已變成另一個
人。幾經掙扎，我才克服那種怨恨和拒絕接受事實的感
覺。我不再懷疑我倆的關係可否延續，因為如果我不斷
尋找 B 計劃，這段婚姻最終只會步向滅亡。我決定集

中關注正面的事情，接納當下的萊利，不去比較患病前的他。

我曾經過於重視萊利能否回復患病前的狀態。我刻意渴望「修復成功」，結果只會擴大我和他之間的矛盾。我化身為照顧者，專注他的病情發展，卻忽略了作為太太這個主要角色。那時我精神緊張，很多事情只往壞處想，甚至把自己看成受害者而徹底忽略了我是他的終身伴侶。回想起來，我是否可以避免走同樣的路，是否可以令事情順暢一點？我十分懷疑。除非雙方從沒相愛，又或者我是冷酷無情而丟下他不顧。

學會用眼睛去「聽」那些他未說出口的話

病情初發時，萊利經常害怕有人竊聽我們的對話，所以非常抗拒和我交談。現在的情況是，除非特別提醒他，或刻意引導他多發言，他仍是十分寡言，一天裏交談不足十句，很多時候他都處於幻覺世界中自言自語。我和他之間那種不自然的沉默，令我渾身不自在。我唯有訓練自己用眼睛去聽他沒有說出來的話，去

觀察他手部動作和面上表情。他的眼睛、他的嘴唇,都會告知我,到底他是興高采烈、緊張、抗拒,還是沉醉於他幻想世界的「工作」;蛛絲馬跡都可以幫助我開啟話題,我變成敏銳的觀察者,懂得使用不同的方法和他溝通。譬如說,當我見到他比較納悶時,我會用有趣的方法去引起他的反應。我不時提醒自己,萊利在打一場硬仗,千萬不要在他沉醉在自我世界時,強加意見,或說些不該說的話。我希望他從妄想中走出來,便要以關心和真誠的語氣問他:「喝杯咖啡,輕鬆十五分鐘好嗎?你開會已經開了很久了。」我為他調好一杯咖啡後,從他面上輕鬆的微笑感受到他是欣然接受的。有一次,我問他:「你為什麼帶着藍牙耳機,而手提電話卻沒有接駁藍牙呢?」他的答覆是:「只有這樣,其他人才知道我正在通電話。」令我感到寬慰的是,洪醫生可以從我記錄的這對答中推斷出萊利的一些病況。

記得萊利發病初期,我表現很無知,只會嘲笑他,諷刺地說:「心靈感應的電話會議?聞所未聞。不要異想天開了!全部都是你想像出來的!」我的態度仿如自己高高在上,萊利頓時陷入防禦的情緒狀態。為了反抗,

他回應：「那麼你不要相信我。我不介意。」我那時的方法完全幫不了他，反而令他感到被嘲笑，索性隱藏自己的想法。我愈盯緊他的一舉一動，他愈覺得不安和難受。他寧可找些藉口，例如需要辦點瑣碎事，駕車出去兩三小時，就是為了離開我的視線。其實只要我能尊重和關心他的感受，他可以非常合作的。後來我讓自己珍惜「和他共處」，而不是聚焦考慮「需要做什麼」，我們的互動關係才可以像一對夫婦，而不是像病人和照顧者。平衡配偶及照顧者兩種角色，並維持親密連繫，竅門就是開放的態度和誠懇的溝通。有一點很重要，當我們犯錯時，必須真誠地道歉，這樣才可以修補彼此的關係。

妻子給予精神支持　照顧者協助治療

作為配偶和作為照顧者到底有沒有分別？很多人曾對配偶承諾，無論疾病或健康，都會深愛對方。然而，頑疾往往打擊一段堅實的關係，雖然也有人的感情因這段經歷，而變得更加深厚。我們的腦袋是根據各種預設關係類型連接起來的，然後自然會因那種關係類別而表達相

應的行為。配偶和照顧者兩個角色融合起來，才會成為全方位的照顧者。妻子給予最佳的精神支持，而照顧者就嚴格處理藥物和治療方面的事情。兩個角色如果能夠無縫接合，取得平衡，在適當時候扮演適當角色，就會令患者在康復歷程中得到莫大裨益。我建議在參與照顧者訓練、研究治療及藥物處理方法時，便戴上「照顧者的帽子」，客觀評估才可讓我們保護摯親患者。保護摯親是我們的自然本能。我們扮演照顧者的角色時，思想和心境便要調校到仿如精神病科的專業人士，這樣才可以有效地擔當照顧者任務。

2015 年 12 月 31 日，是我和萊利婚姻一個重要的里程碑——結婚二十五周年的銀婚紀念。我問他：「你最難忘的是什麼？」他回答：「就是我和你結婚的日子及兩位兒子出生。」我接着問：「什麼會令你煩惱？」「兒子的學業。」「為什麼那麼擔心？」「我很希望看見他們完成大學。」「我有什麼事情令你不安？」「你出賣了我。」「你說我出賣了你，那是什麼意思？」「你受洗成為基督徒，但你明知我是反對的。」「那叫做出賣嗎？依靠着神，我才可以愛你。即使你患病令我筋疲力盡，我還可

以維持這段婚姻。」「我的病？」「是的，已經七年了。你才是出賣我的人，因為你再不是我當年嫁的人。我已經失去丈夫，因為你已經變了！為什麼你覺得受洗這麼奇妙的恩典竟然是一件壞事？全靠神的愛，你才可以感受我所有的愛。你這樣的指責令我非常傷心。我一直在你身邊，你竟然標籤我是出賣者？」他想停止討論。「好了，那我們不要再討論了。」

憑着妻子的身份，我才可以帶出真誠的對話，揭開他內心所想的；結合他其他表現，我便可分析及了解真正的他。當我批評他的信念時，表面上他十分憤怒，但其實他內心缺乏安全感。萊利很堅持某些信念，而我卻沒法捉摸箇中原因，例如他相信有神，但不相信任何宗教，又例如他堅信家中沒有任何一個人應該去諮詢精神科醫生。

充滿愛的家是最佳的療養地

無論作為父母或者配偶，當摯愛患病時，都要擔當雙重角色。緊記着，無論是妻子或母親，先做好基本角

色，才去做照顧者的角色。萊利在伊利沙伯山醫院進行電痙攣療法時，我目睹三位家長放棄了照顧者的角色。那些家長表現得像一般訪客，在他們的孩子住院期間，每天只花一小時和他們一起。某些青少年患者每六至十二個月就會回來醫院一次，每次療程要住上一個月，然後再作觀察。另外，有一位約五十歲的女士在丈夫陪同下入院，但在萊利住院的十二天當中，從來沒有人探望她。聽說她也是每年回來住院一個月的常客。她住院的大部分時間都在獨處和睡覺，完全沒有和護士或者同一病房的病人交談。

我深信如果一個家庭充滿愛，家人互相支持，家仍然是最佳療養之地。照顧者不應完全把患者交托給專業的醫護機構。私人護理院充其量只能夠提供最好的個人護理，但永遠無法取代家人給予患者的愛和支持。我們必須緊密聯繫醫護人員，聽取建議之餘，也衡量當中的利弊，及考慮有關安全。總而言之，要對患者負責的不是心理醫生、不是輔導員，也不是康復治療師，而是「我」──主要照顧者。

許多照顧者在履行照顧患者責任之餘，還要肩負賺錢養家的責任。有些人不願意讓上司知道他們需要照顧家中病患者，害怕影響晉升機會，又或者擔心上司從此不再委以重任，不能處理重要的項目——因為不一定所有上司或同事都能理解情況和抱著同理心。英諺有謂：「沒有人知道鞋子在哪裏夾著腳，只有穿着的人知道。」我經常出差、工作繁重，既要培育兩位青少年兒子，又要照顧精神病患配偶，活像變戲法般周旋其中，挑戰十分大。我已經把自己推向極限，嘗試在各方面做到最好。然而，許多時候工作未能達到自己的期望，也讓人家失望。把事情編排優先次序是非常重要的，因為像「吃了敗仗」般的照顧者是不會對任何人及自己帶來好處的。

我們一定要持開放態度，勇於分享，不是要博取同情和特別優待，只是希望其他人理解，一同找出方法，以免降低自己工作的質素。如果僱主仁慈的話，也許能給照顧者「輕鬆一些」的工作，以減低工作負擔。這個建議很值得大家考慮。我在工作環境不願意公開私隱，所以只有在 2010 年舊上司返回新加坡時，以及在 2011 年當時

的上司快要調回美國時，我才告知他們有關我的情況。

選定一位輔助照顧者

主要照顧者必須選擇一個輔助的照顧者，告訴他整個患病過程及治療方案。畢竟人生總有不可遇見的狀況，先找後備支援是非常重要的。我們必須承認自己不是無所不能，我們需要支援，以便和輔助照顧者一同肩負責任。我的兒子就是輔助照顧者，特別是當我需要短途出差或有急需處理的事務時。他們答允我，必定交替陪伴父親，確保他定期服藥。縱然我們對深愛和關心親愛的人，無條件地付出，我們也需要喘息一下，好讓自己在長久歷程上堅守照顧者這個角色。

Celebrate progress

熱切地慶祝生命中的過程

「你愈欣賞和懂得慶祝生命，你的生命就有
愈多事情值得慶祝。」

——奧花·雲費

"The more you praise and celebrate your
life , the more there is in life to celebrate."

Oprah Winfrey

即使最美好的事情還未到來，我們也可以慶祝。毋庸置
疑，我們需要慶祝，頌讚生命中的甜美，也感恩自己克
服了苦楚。

記憶中歡欣的慶祝活現眼前，就是傑米和瑞安還是嬰孩
時，我們都會慶祝成長中每一個里程。他們說的第一個
字「打打」、他們站起來的第一步、他們第一次赤足
接觸草地時歡天喜地的尖叫——那些都是暖在心窩的時
刻。即使輕輕細想，已讓我珍惜和快樂。作為父母，我

們會多給孩子鼓勵的話、稱讚和送玩具作為獎勵，但現在我們是否把每件事看為必然，而忽略了生活上小小的成就？我們是否對很多事情都無動於衷？我們的觸覺是否遲鈍了，需要更強的刺激才有反應？我們有沒有以智慧和熱誠活在當下呢？

對萊利而言　時間在七年前便停頓了

我重整了思緒，改變了看法，希望能在艱難的現實中撐過來。萊利仍逗留在 2008 年發病前的時光隧道中，沒趕上我們現今的年代。對他而言，時間就在七年前停頓了。精神分裂病患者往往能記得以前的事件和所學的技能，但因為他們腦部的海馬體被干擾，要產生及整合新的記憶非常困難。海馬體是大腦邊緣系統的一部分，連接記憶、情緒和感知。當情緒和感知連接，海馬體便會傳送及儲存記憶。精神病患者可以記得事情，但是他們不能像正常人一般去提取及運用那些記憶。結果，他們會有認知行為障礙，許多時候都會犯錯。比起海馬體正常的人，他們需要更多時間去尋找思想路線。

尋找思想路線對病患者來說是極為困難,當中涉及決定導航過程,從起點(任務的開始)到終點(任務的結束)要找出一條路線。這是一項推斷性的工作,涉及連結不同的認知部位和程序,也就是為什麼患者需要照顧者的指引和耐心指導才可以處理複雜的事情,尤其有些思想導航技巧需要多步驟程序才可完成。

即使小孩子認為簡單容易的事情,我和兒子也要耐心教導萊利。萊利有一個智能電話已經三年了,但他只會用來通話或者發短訊。要他記着怎樣發送訊息本已困難,如果要附載影像或連結互聯網,或是開通話群組更是難上加難。我們已經多次示範怎樣運作,但效果不大。有一次,我叫萊利聯絡互聯網供應商星和,查詢為什麼家中寬頻連接經常不穩定。客戶服務主任在電話中告訴萊利怎樣處理。對他來說,跟隨步驟是艱巨之事,終於他放棄了,叫我接手。無可否認,我當時對他不能完成任務感到氣餒。孩子起初也很討厭這種情況,大家都困擾起來。但到了現在,我們已經習慣,更不時以幽默態度面對。正面地看,我們學會了更有耐性,更包容和更了解他人。孩子在同齡朋友中顯得獨立。

患者需走過的彎路　才能重返現實

我們的思想也有僵化的時候，因此必須懂得調整對萊利的期望，對他才公平。我們慢慢接受萊利很多行為都不是故意的，便會對他的小小成就感到欣喜，熱衷慶祝他的進步。我們要了解摯親患者正在緩緩走着又長又彎的道路，才能回到現實的世界。我們愈能了解及欣賞患者，便愈能讓他們享受我們的陪伴。

萊利克服了妄想症，減低了不便，可謂重大成果。我們享受燦爛陽光照進客廳及廚房，窗簾捲起，透過窗門，我們便感受到幸福。瑞安現在隨時可以拿起鑰匙離家，自由地在外面活動，無需要限時返家。最近，我們更喜見另一個進步——我可以在主人房感受空氣和陽光，達一小時半，也沒有引起萊利太大的不安。不過，他仍然不斷把睡房窗戶關上。萊利仍然認為鄰居窩藏間諜，追蹤他的動向。期待有一天，他能明白很多事情都只是他想像出來的。

對你和摯愛來說，百分之九十的康復程度是否足夠？重

過正常家庭及個人的生活，我已萬分感謝。萊利做到以下的表現，我已視為正常：

——百分之八十五至九十的存在感和懂得聯繫。對自己、其他人及身邊事物有一定認知。

——倚賴輕量的藥物，有需要時才要增加份量。

——主動處理藥物的副作用。

——惡化程度保持在穩定水平。

——幻覺和妄想持續。

——謹慎選擇社交活動。

勿忘承諾　學會控制　面對挑戰　緊握勇氣

我們花了超過六年的時間才達到這個百分之九十的成果。簡單而言，我們需要四種「耐力」，包括改變思維及「4C」：承諾 (Committed)、控制 (Control)、挑戰 (Challenge)、勇氣 (Courage)，令自己在壓力下培養韌性，激活自己。隨着時日的艱難，堅持 4C，保持承諾和控制；要投入，不要放棄，要不斷嘗試創造效果，這些都需要我們用耐性和愛去控制。面對挑戰，擁抱它。當生

命給予你酸溜溜的檸檬時，你就去做美味的檸檬梳打；
找出通過壓力而成長的途徑，而不是哀嘆命運；鼓起勇
氣活出生命，適應新的轉變，不要執著於像幽靈一般的
過去。生命本質上就是一場歷險，有時充滿荊棘；無論
事情多壞，總會有機會讓我們以智慧及能力繼續成長。
4C 就是我個人的信念，每天我都堅持，也就是 4C 推動
我寫這本書。

腦袋為我們的生存而連接各部位和發展，它的設計讓我
們應付各種威脅和接受獎勵。在腦袋中的「爬行動物
腦」（編按：即 Reptilian part of the brain）部分，把社會
關係體現為威脅和獎勵。動物腦袋對於威脅的反應比對
獎勵的反應強得多，受到威脅便立刻進入以下四個狀態
之一：逃走、打鬥、凝結或者暈倒。因此，面對困難環
境和挑戰，我們很自然地走進「逃避」模式，不欲尋找
其他創意求生法。求生之道在於不斷探求「機會」，無
論環境是如何惡劣。遇上「獎勵」我們就會進入「前進」
模式，正面地回應事情。由此可見，堅韌勝於疏離，首
要原則就是減少威脅，增加獎勵。

康復旅程艱巨　勿求一蹴而就

萊利能否百分百康復？我當然希望可以。不過，我建議
照顧者降低期望，面對精神病患的現實。患者的康復旅
程並不是清晰可見或有跡可尋的。磨人的歷程中，時有
反彈，在軌道上上落落，最初幾年都會復發，也會舒緩，
然後漸漸走向一個軌跡，直到惡化程度保持在一個穩定
水平。

早年我對病況無知，一直期待萊利的康復進程就好像其
他疾病一樣，最終可以回到病發前的狀態。我當時不明
白周期性的舒緩和復發都能在短期內發生，因此我埋怨
和指責萊利沒有盡力。無知變成鄙視，我們曾經因為不
懂得以同理心面對萊利的情況，以致家中各人對他的厭
惡一發不可收拾。

大部分照顧者很容易犯上一個錯誤，那便是以為摯親的
性格出現問題。精神病患者大腦額葉部分受到損害，引
致性格改變。這個內在的「腦袋中的悲痛」往往被健康
的外表蒙蔽。不了解康復進展的話，照顧者有可能誤以

為治療中的患者已可向前邁進，其實他們仍然非常脆弱。不適當的壓力加在他們身上時，可能會引起突發性的復發。有一點非常重要，照顧者必須知道康復有不同階段，每一階段都要有適當的關心和支持。我們要調整期望，患者康復階段同步而行，這樣才可以令大家在每一個里程上慶祝成就。例如有些症狀舒緩了，社交技能恢復了，或者認知功能有少許進步。

不要輕視小小的成就，否則對患者就不公平了。首先，康復旅程本身是艱巨的，容易令人氣餒。當中涉及很多小步驟，絕對不能一蹴而就。罔顧患者的需要和情緒，強要他們加快康復速度，結果只會弄巧反拙，製造更多問題、壓力甚至矛盾。這與照顧者尋求安穩背道而馳。慶祝可讓照顧者和摯親患者歡愉起來，像推開大石跑出來，懷着感恩的心，一起分享長久作戰的歷程，然後，我們可以滿懷信心向下一個目標進發，邁向康復。

我喜歡伍迪‧伍德伯里（Woody Woodbury）對樂觀者的定義：一位九十四歲長者和一位二十四歲女子結婚，尋找靠近學校的漂亮房子。我們看見世界充滿正能量。即

使眼睛已呈黃疸，但看見的每件事仍是彩虹！面臨挑戰，要清晰知道我們需要什麼。在照顧者的旅程中，只要我們能淨化思想和心靈，意志便可以移山。

多留意患者的正面行為

一次，萊利如常為瑞安及自己買晚餐，在此之前我叫他存入一張支票和寄兩封信。因為瑞安很餓，所以他較平常早一點出去。然而，萊利存了支票，但卻忘了寄信，也沒有帶食物回家。當我問他，「食物在哪裏？為什麼信又竟然仍在這裏呢？」他很盡責，再出去寄信，不過第二次回家時，仍是沒有帶回食物。這樣很明顯，他有點不妥；腦部聯繫失調，反應緩慢。他的藉口是，胃口不好，他不吃晚餐了，然而他完全忘記瑞安的需要，瑞安沒有抱怨和不安，依從我的提議，吃了碗杯麵便算了。

翌日，我親切地讚揚萊利，他很盡力控制情況。當天他留在家中，在客廳有不同活動，直至晚上十時才上床去。我鼓勵他繼續努力，成功控制腦袋的思想，便可以再減低服藥的份量。他典型的回應是，在他最愛的商場

走兩個圈或者跑上跑落兩三小時，完全投入幻想世界，接着在晚餐後便把自己關在睡房裏。

我多留意萊利的正面行為，而不會視他忘記為瑞安買晚餐為一個失敗，或認為對他漫長的復康路有深遠影響，畢竟在他復康路上要具有韌力。瑞安和我都懂得感恩，表達同理心，盡力理解，而不是指責萊利自己也控制不了的錯誤。

我曾經因為萊利拒絕服藥而幾乎放棄對他的希望。直至傑米十四歲時，他的智慧啟發我，令我變得果斷。我向朋友和同事請教，能否推薦另一位精神科醫生給萊利。儘管萊利當時十分不合作，我仍選擇勇往直前，否則今天我也不會在這裏說出這些故事。沉溺在自憐自憫和負面思想中，根本無補於事，因為這樣只會分散注意力，忽略了慶祝一些萊利的小進步，也沒顧及兩個兒子和自己的成長。正如聖經中所說的：「因為知道患難生忍耐，忍耐生老練，老練生盼望。」

Communicate

有創意地溝通

creatively

「給我一個聆聽的心作為禮物」

—— 所羅門王

"Give me the gift of a listening heart."

King Solomon

我們是用心而不是用舌頭去聯繫別人。大意失言，又或者長期沉默，都會引起誤會。

與生俱來兩隻耳朵一個嘴巴，是因為我們要多聆聽少說話。然而，精神病患者受到思想紊亂的影響，不能專注，也引致聆聽力不足。相比於正常人，精神病患者極易受刺激，反應強烈。照顧者有時會感到如履薄冰，因為患者難以集中精神、理性對話，及面對周遭所有聲音。因此，我們不能忽略學習怎樣與患者重新溝通。我們愈能夠了解精神病者怎樣思考及處理資訊，我們便愈能夠聯繫他們的思想。

藥物有副作用　但笑是最佳良藥

服用藥物不會令患者自動康復。藥物只是幫助調整體內
化學物質的不平衡，從而協助腦部運作，但也帶來不
少副作用，影響身體、舒適程度及情緒。一個黃昏，
我意外地吞服了萊利服用的 Solian 藥片，知道時已經太
遲了！ Solian 是一種非典型抗精神病藥物，舒緩精神分
裂症症狀。我有第一手經驗，知道服用這些藥物之後的
感覺：我一覺睡到天亮，到翌日早上感覺混沌，甚至整
天也是如此。唉，萊利吃這種藥已經兩年了。我很肯
定，如果他可以選擇，一定不願意服用。

我相信大部分人都有類似經驗。我們也曾經歷服用感冒
藥五天之後，發覺食慾不振、味蕾遲鈍、渴睡，甚至昏
睡。想像一下，長期甚至終身服用抗精神病藥物的負面
影響！一個正常人，服用藥物後也會產生生理上不舒服
的症狀，影響對事情的投入感，更何況長期服用藥物的
人呢。

笑就是最佳良藥。以幽默感打破嚴肅爭論的沉悶。學會

對自己的煩惱一笑置之，不要讓煩惱逼瘋。要提醒自己，凡事不要看得太重，當沉重而困難的訊息傳來，最佳迎接方法就是由衷地大笑一場——這個看似是謬論吧，但只要你能夠令聽者笑起來，他們便會更專注及細心聆聽。當我們大笑，肌肉便會活躍起來，心跳加快，呼吸量擴大，從而提高吸氧量，科學化地對身體系統帶來正面影響。當我發覺萊利進入了「遙遠的境界」時，我便拿起食指對着他，說一聲「ET，回家吧」。(讀者也許記得 E.T. 外星人這一套經典電影。) 萊利的臉孔立刻發出光彩，展開寬懷的笑容，用食指連接着我的食指。要他和我繼續對話，必須先得到他的注意力。有時，創意就是需要帶些看似幼稚或嬉戲的行為，這其實表現了你風趣幽默的一面，絕對沒有問題。平常人也會因為講者添加趣味用語而特別留心，鼓勵的字眼、稱讚和啟發的語句，都很自然地帶動輕鬆氣氛，暫時忘記任何憤怒或駁斥吧，別發脾氣啊。

和患者適當地開玩笑

有一次，我和孩子跟萊利開個玩笑。我叫他留意我，

但其實我故意只動嘴唇而不發聲。看見他豎起耳朵留心聆聽，卻聽不出我說什麼，那表情十分錯愕，讓我忍俊不禁。他知道我根本沒有說話，但瑞安站在我旁邊，表示他聽到我說什麼。然後萊利靠近我，叫我再說話。我繼續作弄他，他肯定地說自己耳朵沒有問題。那時候瑞安和我都不自控地大笑起來。我讚賞萊利的專注和警覺。接着我需要他幫忙做一些家務，他也義不容辭，覺得自己做得非常好。記着，同一個作弄方法不能重複用啊。

我總覺得，獨留萊利在家一整天，對他健康不太好。在家時，如果我不主動和他交談，他只會在感到有困擾時，又或者需要問我們打算吃什麼時，才主動對話。有時候，我會挑一些具爭議性的話題來討論，當然也要避免在討論中陷入僵局，話題例如是媳婦和老爺奶奶（編按：丈夫的父母）共住的利與弊。這樣可刺激和活化他的思想。我們要觀察患者在一天中哪個時間呈現最佳狀態。在患者最佳狀態下，大家討論重要和嚴肅的事情就特別有效。

另外，必須利用這些時刻培養彼此之間的關係。對萊利而言，最佳時刻就是早上。因為他的專注力到了中午便會下降。我會安排這個時段進行正式會議及處理一些需要他出席的事項，因為在這段清醒時間，他才能留心和聯繫各種事情。這也是良好時機討論訂立界限，那些界限是和他的症狀無關。基本上，我已學會在對話中與他順勢而行，而不是去超越他。誤判時機，只會產生錯誤期望和失敗的溝通；苦心去了解患者的康復模式，照顧者便可以達到預期目標。

鼓勵患者參與溝通　並及時回應

起初，萊利很抗拒臉書和各種交談群組。他不習慣使用智能電話，但卻喜歡最新款的。傑米為我們家設立一個通話群組，叫做 Ohana。起初我沒有留意，後來才想起，Ohana 是非常合適的名字，意思是家人之中，缺一不可，這是一個在夏威夷文化之中的觀念，就是家庭要連結起來，每位成員都必須合作和記得每一位。

萊利花了六個月才能在群組中從容對話。開始時他只是

「觀察者」，閱讀訊息，了解大家最新情況，但沒有參與對話。漸漸地，他感覺舒服一點，便主動地參與。我們每位家庭成員都很親切，大家都鼓勵萊利多參與。無論他寫什麼，我們都馬上回應，跟他說說笑，令他從容自在一點。有一次，我用萊利的智能電話去啟動我的臉書戶口。因為當時電腦保持上網狀態，萊利非常聰明，除了看一些新聞之外，他也留意到我把他的相片上載在臉書，他立即表示反對。我向他展示他一位好朋友也經常把自己的情況上載，希望說服他上載相片並不代表不安全。事實上，萊利是需要多一點時間才可慢慢投入。

學會平心靜氣地解決糾紛　而非逃避

最健康的關係不是大家逃避紛爭，而是懂得怎樣平心靜氣解決糾紛，並且避免以牙還牙。當預期快要進入紛爭的危險範圍，應把自己身體上的鬥爭機制和自然反應的恐懼功能關掉，這只有透過深呼吸才會做到。在火上加油之前，暫緩討論。

切忌常用「你」去開啟對話。這樣可能會造成指責、

判斷、指控、命令、否定、威脅甚至和患者爭論。取而
代之，對話開始時應該用「我」字。這樣可表達你的感
覺，當中可形容他們的行為或者情況，然後道出為什
麼你會有那些感覺。「我」字很自然把責任轉向說話的
人。這個方法令我們溝通時，減少產生負面反應。另
外，必須避免提高嗓門以示反對，也減少用指控的語調
去提出請求。

萊利習慣在家裏的玄關位置脫去鞋子，而不是放在門
外。我已經三番四次提醒他，認為在室內脫鞋代表不
尊重我，因為我花了很多心力去清潔家居。通常我駁
斥萊利時，他卻漫不經心，罔顧我的要求。「你沒有幫
忙吸塵及擦地！但起碼你不能再弄污地板！你認為這要
求太過分嗎？」接着我會發脾氣，打斷他的話題、批評
他。之後，我甚至覺得他很煩厭，埋怨他常犯微小的錯
誤。結果這一切造成了惡性循環。

後來，我改變策略，換了語調說：「如果你能尊重我，
我會很高興。」萊利問：「我那麼愛你，怎麼會不尊重
你呢？」「好，但你沒有留意我關心的事情，我怎能感

受到你的愛和尊重呢？比方說，我喜歡地板清潔，但你卻貪圖方便，踏入玄關才脫鞋子，把鞋放在門外並不是什麼難事啊。這樣對我是否不尊重？我已經提醒你許多次了。」「OK，知道。我明白你的意思。」最後萊利真的明白了。這樣的溝通方法極其美妙，達致效果。萊利想聽到的不是指責，指責只會令他更為防範，其實他是願意和我合作的。

必須注意患者言語背後的意思

過往，我覺得他冷漠，重複壞習慣乃固執所為，那種「與我何干」的態度更令人生厭。照顧者必須注意患者的情緒，尤其言語背後的意思，以同理心去了解和尊重他們的感受及體驗。做到這點，就可以把我們的關係帶入正軌，面對「病患背後的人」說話。時刻和他們接觸，讓他們表達自己的思想和情緒，而不是只顧分享我們的看法，又或者只想改變他們的思想。不要硬推什麼，否則一切徒勞無功，沒有人希望時時刻刻被人當成病人看待。

以「我」開頭和反思患者言語背後的意思這兩種技巧可以幫助枯萎的關係回復正常，這是一道橋樑，對抗負面情緒和思想，減低壓力，然後增強彼此互相了解的機會。我們需要適應溝通方式，對精神患者所受的痛苦，觸覺要敏銳一些。多主動和他們交談，談話不妨簡短，可用重複而簡單的字眼，重點是交流中充滿着愛和尊重，緊記有時他們也控制不到自己的思想。

照顧者不是超人　而愛是推動力

到了現在，你可能會問：「付出那麼多，真的可以做到嗎？」我們也許不知道，在心底深處，讓我們肩負無私的照顧者責任，推動我們的核心原因就是恆久的愛。要接受一個現實，就是我們也會受傷。我們可以討厭，也可以去愛我們選擇的路。願意選擇共患難，不離不棄，繼續肩負照顧者角色，箇中必有原因。你看這本書，就證明你想改善技巧，培養自我醒覺，堅強面對。學會在適當時候放鬆及撫慰自己。節省、保留及更新你的能量是非常重要。必須時刻警惕照顧自己，免於過於勞累。照顧者千萬不要轉化自己為超人，即使

在這個不平凡、非典型、不尋常的愛的行為中，做一些平凡、平常和普通的事情，已自動讓我們成為超人了。在照顧者的歷程中，我們總是屢屢犯錯，不過我們會學懂承認錯誤，然後改善，在下一回合中，無悔地做得更好。

有時候，一些看似低智愚昧的笑話，甚至少許爭執，也必然有愛作為橋樑，就如聖經所提到：「良言如同蜂房，使心覺甘甜，使骨得醫治。」

全方位治療

Adopt *holistic medicare*

隱藏式用藥在什麼情況下
才算合乎道德？

「簡言之，我太懦弱，沒有做我認為對的事；更因
為我太懦弱，沒有避開去做我認為錯的事。」

——狄更斯《遠大前程》

"In a word, I was too cowardly to do what I
knew to be right, as I had been too cowardly
to avoid doing what I knew to be wrong."

Charles Dickens, *Great Expectations*

治療精神病最大的挑戰，就是患者不按時按量服藥。
精神病患者當中，沒有按時按量服藥的比率，估計在
百分之二十至五十間，精神分裂症患者更高至百分之
七十至八十。為了改善嚴重精神病患者的病況，在有
需要時，醫護人員及家人會把藥物藏在食品和飲料之
中——這被稱為隱藏式用藥。患者不定時定量服藥，
而又長期缺乏其他藥物處方或治療，必會產生不良影
響。照顧者在摯親患者墮下懸崖之前，必須密切監察及

盡早介入。

當患者沒有能力去理解不服藥的後果而決定是否服藥時，隱藏式用藥就變成照顧者的責任了。照顧者堅守至高無上的原則，就是確保摯親患者健康。大家應該正面看待隱藏式用藥，它表示照顧者全心全意地照顧患者。其他疾病的患者在清醒思考時，都會接受治療，亦會順從醫務人員的指示。精神病患者不承認患上精神病，也拒絕接受藥物治療的，他們的拒絕率比一般疾病患者高很多。這正是我曾經和萊利不斷掙扎的重點。萊利有時候會喪失認知能力，甚至懷疑本來互信的關係，原因是腦袋裏額葉和顳葉部分嚴重受損，深深影響性格、社會適應能力和決策自主。

大部分精神醫療機構都會使用隱藏式藥物治療，而我們應該如何看待這極具爭議的方法呢？畢竟大家可視之為強迫用藥和非自願治療。我認為需要考慮兩個基本問題：一、照顧者是否應該擁有對患者最終的責任，包括社交上和財務上的責任？二、照顧者是否真心誠意為摯親病患者的健康着想，還是背後有惡意企圖而扮演照顧

者角色？也許這是道德操守問題，旁人很難作結論。不過，我相信很多照顧者都是保護摯親患者的，而他們也願意承擔後果。哪怕對與錯，因愛之名，許多照顧者都無懼法律的約束。

先簽訂永久授權書

根據新加坡法律，已有現行法例給予照顧者一些權限，那些法例也漸漸引起大眾關注。執行授權的文件稱為永久授權書 (LPA)，它是指委托人授權另一個人處理他的日常事務（一般是關於照顧、住宿和用藥等決定）又或者是房產及其他在患者失去精神能力而需要處理的事情。照顧者一般是自願被委托，成為代表摯親的決策者——當委托人精神狀態良好或處於清醒狀態，才可指示這個授權。永久授權書也可以為患者度身訂造，例如附加一些特定的指示，指明有些決定應該如何處理。其實，照顧者也必須為將來打算，萬一自己的身體和精神狀態無法繼續履行照顧者的角色時該怎麼辦。這是其他照顧者經常提到的問題。

我極力建議照顧者和摯親患者考慮使用永久授權書,這可確保摯親患者在仍有自決能力時作出重要的決定,特別是他們希望由誰人來照顧。同時,必須預先和有機會成為後備照顧者的人商量,好讓他們有足夠時間考慮是否同意。一旦決定了後備照顧者的人選,現任照顧者便要確保後備照顧者和摯親建立一定關係,才有信心在適當時間和階段,讓後備照顧者嘗試照顧的工作。

整個過程,必須在患者無法自控之前進行,而大家都應該尊重患者本身的意願。不過,如果患者早已喪失表達意願的能力,照顧者不妨考慮「保障患者因素」作為參考,讓照顧者為摯親作出符合利益的行為。這些因素包括:治療的預期好處、潛在風險、潛在副作用、可能的替代療法、放棄治療的後果。

因萊利否認病況　我進行了五年的隱藏式用藥

我為萊利進行了差不多五年的隱藏式藥物治療,因為當時他堅決否認自己的病況。他抱着很強的信念,認為家中沒有任何一個人應該去看精神科醫生。在 2009 年求

診第一位精神科醫生兩次之後，他堅決拒絕治療。經過多次的爭拗，我感到筋疲力盡，兩度威脅他要離婚。不過，每次的威嚇只換來他兩星期內不情不願地合作。兩個孩子當時非常沮喪，他們很害怕我會遺棄他們，尤其因為我過份注重怎樣令萊利合作，卻屢屢失敗。我沮喪不已，別無他法，唯有在萊利不知情下，把藥物放入他的早餐飲品中，這是何等令人困擾的事。有幾次我的任務失敗了，因為他站在旁邊看着我。由於他不一定把飲品全部喝完，我很難掌握他服用藥物的份量。不規則的餵藥時間表和份量，令我不知道 Risperdal（萊利服用的第一種抗精神病藥物）是否完全達致預期效果！

其實，我痛恨自己要向萊利隱瞞用藥，他如果發現了，一定會非常恨我。隱藏式用藥違反了他的意願，也破壞了我倆婚姻中互信的基礎。最初階段，我努力克服當中的內疚和痛苦。然後，在八個月後，我放棄了任何方法，因為反正一切希望都是落空的。萊利在那段日子根本沒有明顯進步，我和孩子的關係也愈趨緊張。我感到自己就像一艘下沉的船，由內至外都爛透了。後來我想通了，我勸服自己，只有萊利自己願意，他才

會好轉，不是因為我個人希望他怎樣，他便會變成怎麼樣。那陣子，我覺得是時候讓自己喘喘氣，決定把專注力重新放回孩子身上。

當我掌握更多有關精神分裂的資料時，才明白期望萊利能完全控制思想或行為，是天真和無知的。六個月過去了，沒有醫生，沒有藥物，萊利獨自留在家中過得非常愉快。然而，我和孩子內心並不感到安心，持續的焦慮就像瘟疫般襲來。幸好就在那時，傑米建議我們諮詢另一位醫生，感恩傑米提出這個意見，我便開始找第二位精神科醫生了。

把藥物混在食物中　或是當成營養補充劑

新處方的藥物 Invega 及 Artane 是片狀的。Invega 的藥效可維持二十四小時。藥性通過全身，能夠在均速下發揮出來。然而，我還要面對一個挑戰：怎樣可以隱藏式地給萊利服用這個藥物呢？如果把 Invega 碾碎，然後混在飲品，但萊利沒有把飲品喝光的話，藥物就不能完全發揮效用。幸好我想到另一個主意，就是把藥物當作營

養補充劑，對萊利說是改善健康，令人充滿精力的東西。這樣，我便把補充劑分發給家中每一位成員，其實其他人服食的是魚油丸，內裏含有三比二比例之 EPA (Eicosapentaenoic Acid) 及 DHA(Docosahexaenoic Acid)，另外還有益生菌及維他命 C。起初，萊利帶着懷疑，尤其當我要根據他的情況而改變用藥份量時，藥片又會因份量不同而顏色有異。他問：「為什麼昨天吃的是白色？現在這片顏色卻不同？」我回答：「生產商不同嘛。」其實原因是 Invega 有三種不同顏色的藥片，分別代表三毫克，六毫克和九毫克的份量。最後，他相信我的解釋，順從地吃了，畢竟他深信我不會加害於他。

當洪醫生處方 Solian 的時候，我改變了策略。因為萊利有時候需要多服五十毫克的藥，所以我要把其中一片兩百毫克的藥片切割為四份。為了避免不必要的懷疑，我把藥片磨成粉末，然後根據萊利的症狀調校藥量。不過，新挑戰來了，藥物那種苦澀的味道，無論我添加多少天然蜜糖，也遮蓋不住，這樣很容易會被萊利察覺到。我唯有把藥粉和檸檬味的 ENO 果子鹽混合，反正果子鹽幫助消化。試想像一下，去一趟兩星期的

旅行，就要準備約二十八個小型密封塑料袋（十四包ENO果子鹽及十四包處方藥物）！2014年初終於有突破了，在一次隨意的交談中，我請求萊利服用藥片，好讓他生命中的最愛——即是「我」，生活好過一點。我提出一個嚴肅的問題：「你是否以你的生命去信任我？」他回答：「是的，當然了，你是我的最愛。」我便繼續說：「如果不是你需要，我絕不會給你藥物。感謝你以你的生命去信任我。」今天，他的藥物已經無需用「補充劑」掩蓋。感謝主！再不需用善意謊言了。我有想過，萊利服用「營養補充劑」時，可能也察覺我在說謊，但他故作順從，是因為他知道自己需要服用藥物，不過不想承認罷了。智慧告訴我們，有時候有些事情不需要言明，一切當作過渡期，總會邁向更好的未來。

藥物本身有必要　是第一道防線

當患者不適，服用藥物自然是第一道防線。藥物本身是必要的，因為無論患者留家還是住院，藥物都會幫助復元。一個由家人用愛去孕育的環境，加上理解和同理

心，定必能協助精神病患者趨向正常。除非摯親患者
引起極大麻煩，或者帶來公眾危險，真的苦無良策的
話，隔離治療才是無可奈何的選擇。

驅動我承擔如此艱巨任務別無原因，就是我渴望萊利
得到優質的生活，而不再是終日受困於精神病這場惡
夢中。只要我們的摯親患者懂得將目光放遠，清晰思
考，便可以把責任逐漸交還，讓他們自己執行康復計
劃。在這之前，隱藏式服藥的責任始終在我們這些照顧
者身上。當摯親患者已準備好接受康復治療，照顧者必
須全力支持，讓他們獨立及裝備未來生活。我不斷禱
告，求神賜給我們奇跡，讓萊利重獲生活主導權，掌管
自己的精神和健康，即自願定時服藥，定期作心理評
估，及維持有紀律的運動及健康飲食習慣。

當患者漸漸改善認知力，便會明白不按時按量服藥與
復發的關係。我們要提醒患者，大部分精神病患者即
使症狀消失，仍需要終身服藥，就如有些病人患上糖
尿病或高血壓。

隱藏式用藥仍有爭議　需全面立法

隱藏式藥物治療的行為在全球各地都具有不同程度的爭議，事實上，很少文獻會明確寫出這種用藥行為，但大家其實都在私底下進行。在一個訪問了二十一位心理醫生的調查中，百分之三十八的受訪者承認曾參與隱藏式用藥。相信這個數字被低估，因為許多受訪者都不願意承認自己隱瞞病人。他們害怕違反專業守則而遭譴責，所以索性不作討論或記錄，形成一種秘密和懷疑的氣氛。

要避免墮入這個「帶有惡意企圖」的陷阱，我們需要全新及徹底的立法，定下隱藏式用藥的守則，調整機制，讓隱藏式用藥能在醫院及家中被更廣泛地使用。

4.2

補充劑及另類藥物

「每一種對病人有效的藥物，相應有一種天然
物質能達致相同效果。」

——卡爾 C・法伊弗

"For every drug that benefits a patient, there
is a natural substance that can achieve the
same effect."

Dr. Carl C. Pfeiffer

當摯親患者處於穩定的康復進程中，藥物仍是治療精神
紊亂的第一道防線，但這並不排斥使用其他補充劑或傳
統醫學以外的另類療法。處理精神病時，主流藥物如
抗抑鬱藥、抗焦慮劑、抗精神病藥，鎮靜劑及興奮劑
等，可重新整合患者的神經生化系統。藥理學提供的方
法對改善精神病症狀有一定成效，但並不足以使患者
「整全健康」（Overall health）。精神病健康的範疇內，營
養治療是有其發展空間的。有時，營養補充劑也可以完

全或部分激活神經系統，改善本來紊亂的情況。我們
要注意，每個人的生理結構不同，正如沒有兩個人的
人生經歷是一樣的。患者的病歷背景很大程度影響他
對治療的反應，而因各人身體狀況、生理結構和生化
組織不同，對治療都會有不同反應。

在精神病患中使用補充藥物及另類治療（CAM）的基本
考慮是什麼？進行前必須先評估患者整體健康情況，
才可增加他在精神病方面的康復機會。目標是在長期服
用藥物之餘，盡可能逐漸降低用藥分量，減少不良副作
用。評估補充藥物及另類治療時，可使用綜合方式，了
解精神和情緒狀態和身體各種功能的互動影響。我們必
須以正確的思維和態度去研究另類療法，它不是獨立的
單一款藥物或治療方法，而是一整套為健康而設計、兼
用若干產品及行為練習的方法。然而，我們要小心，切
勿讓任何補充劑或藥物抵消了處方精神藥物的效用。因
此，應該為患者訂定清晰目標，確保整套治療方案是適
當的，並定期觀察成效。

我比較傾向以生物學基礎療法，而不只是服用醫生的處

方藥物。生物學基礎療法，是指在日常飲食中加入維他命劑、膳食補充劑和草本藥物。雖然有些物質的作用仍未徹底測試，但據報道這些都是比較安全的，既容易入口，又不會令味覺遲鈍。最佳做法是交互參照可信的研究報告。小心駛得萬年船，安全勝於遺憾。

不應忽略藥物的副作用

一般而言，病人照顧者要主動提問，精神科醫生才會告知藥物常見的副作用。我特別留意副作用問題，是因為最初萊利抗拒藥物潛在的副作用而不肯按時按量服藥。當第一位精神科醫生告訴萊利服藥後可能會感受到頸部或關節位的肌肉緊縮，需要加服另一種藥物去幫助放鬆肌肉時，他便顯得有點煩厭。之後，我盡量避免在萊利面前提及「副作用」。個人經驗而言，曾經有一年半我不願意服用膽固醇藥斯達汀（Statin），就是因為我厭惡副作用，我們不應該忽略摰親患者對藥物的反感。

參考研究報告和建議選擇補充劑

2009 年底，萊利對藥物的反感引發我對探索補充性治療的興趣。我也不需要太費勁，便勸服萊利每天服用兩次韓國紅參精。這是一種含豐富維他命和礦物質的飲品，內含超過三十種皂甙，每種皂甙都有其獨特療效。其他類別的人參則只含四至十五種皂甙。眾所皆知人參具有療效，紅參精確有提神效果，服後能即時提高患者警覺性、記憶力、專注力及反應速度。建議每隔一個月服用。紅參作為根部植物，含抗氧化功能，幫助強化免疫系統。萊利服用半年之後，過往經常傷風感冒的情況，已大大減少。不過在兩年至兩年半之後，這個功效會逐漸消失。服用這一類生物營養素最大的好處是，我們不用擔心一旦停用會帶來什麼症狀和後果。其實萊利隨時準備放棄服用紅參精，因為即使加了野生蜜糖，他也不太喜歡那種苦澀餘味。

在 2010 年底，我開始讓萊利服食奧米加三脂肪酸 (Omega 3 fatty acids) 補充劑。這是因為一位女性朋友和她的丈夫推介的，他們分別是藥理學家和醫生，參考了臨

床試驗而有此建議。另外有些研究指出，精神病患者服用奧米加三後可減低百分之二十五的症狀。奧米加三脂肪酸（FA）對我們的想像和感覺扮演一個重要角色。服用一年後，效果明顯產生了，就是萊利變得出乎意料地冷靜。我的朋友更建議我應該讓所有家人都服用。我聽從建議，直至今天我們仍繼續服用。

運動、按摩有助患者放鬆

健康是關乎改善我們摯親患者的生活質素。我曾隔天便會陪伴萊利步行四至六公里。對於一個喜歡運動的人，這種運動程度只算是小兒科。我們嘗試把這項活動變得更有趣和充滿色彩，那就是探索新加坡不同的公園和海灘，以激勵萊利保持這個習慣。這項運動幫助他每天早睡，到了晚上十時他便像嬰孩般熟睡了。我又安排他每月第一個星期的其中一天下午，做兩個小時的泰式按摩，他感到全身放鬆和精神煥發，本來失去光澤的的面孔和皮膚頓時發放光彩，眼睛也靈動起來，面部肌肉也放鬆了。有一次，他這樣說：「我感到身上一件沉重物件被拿走了。」

檸檬汁能幫助患者充電

抗精神病藥物治療人為地降低患者體內多巴胺水平，會引起患者的睡意，也會令許多患者身體虛弱，長期或永久服藥有可能會導致慢性疲勞。洪醫生曾經感到詫異，為何萊利不需要睡午覺。嗯，我認為檸檬汁就是原因！自從 2013 年，萊利每天早餐後都飲半杯暖和的檸檬水。我一直持之以恆至 2014 年。之後因為我處於不明朗的環境中，開始躲懶，採取臨時做法，把檸檬片加入水中便算了。最後在 2016 年 1 月，我再次在萊利的飲食計劃中加回檸檬汁，每日一個檸檬，而不是半個。檸檬汁幫助快速排走體內毒素，因為它增加排尿速度。檸檬酸又可增強酵素功能，加速肝臟排毒。檸檬含有高含量的維他命 C，可對抗傷風及鼻竇炎，有除痰作用。人所共知，檸檬的鉀含量很高，幫助刺激腦部及神經功能。整體來說，我看見萊利心情好了，專注力也提升了，好像充了電。他在連續六天內看了兩本書：卡勒德・胡賽尼（Khaled Hosseini）寫的《遠山的回音》（*And the Mountain Echoed*）和《燦爛千陽》（*A Thousand Splendid Suns*），而在這之前的兩年，萊利只閱讀過二十頁由米

奇‧艾爾邦（Mitch Albom）寫的《時光守護者》(*The Timekeeper*)。

患者應參與制定治療方案

我鼓勵萊利參與制定治療方案，因為這代表他有能力為自己的健康負責。儘管我害怕停藥會對他弊多於利，但他是有權放棄服藥的。萊利很關注自己性能力減弱的問題，他推斷這是因藥物引起，而我也有同感。總而言之，他承受着藥物的後果，也最清楚藥物怎樣影響他。我同意他所提出，繼續在早上服用 Invega 及 Artane，而停服傍晚的 Solian。不過，如果感到任何不適，他要同意讓人介入，另外必須繼續每天服用營養補充劑。萊利並不喜歡我那麼坦率而明確地告訴他，他可能會發生「戒斷症狀」，即停服部分藥物的後遺症，但他也從容面對。我的角色是要幫助他了解不同方案，怎樣在安全情況下做到最好。

另外，精油療法是一個我感興趣但仍未嘗試的範疇。我從其他照顧者口中聽過許多令人鼓舞的例子，他們高度

評價摯親患者在嘗試精油療法後，退化症和抑鬱症如何得到改善。精油含有重要的電磁性及共振的能量，可振奮精神、喚醒心靈，激活能量及提升身體功能。香氣可迅速傳達至腦袋，直接影響腦袋內的邊緣系統。精油必須絕對純淨，而且要挑選特定種類，才能真正產生效果。

值得注意的是，從來沒有單一獨立的補充方案或另類療法可提供給精神病患者。我們對另類治療的態度是，要得到整全健康，我們需要欣然接受三位偉大的醫——大自然、時間及耐性。最關鍵的是保持開放思維，不停地搜索有關另類治療的突破。這是一個漫長的旅程。我們要勇於嘗試新事物，身體是非常聰明的，它可以適應生存之道，有時長期用藥反而失去藥效或者引致不良效果。

How to better

relate to

**怎樣和精神健康專業人士
溝通得更好**

mental health

professional

「當『我』被『我們』取代時，病患便會變成
健康。」

——香農‧L‧奧德

"When 'I' is replaced by 'We', illness
becomes wellness."

Shannon L. Alder

記得當初我要為萊利尋找醫生作出診斷和治療時，對
應該找哪位醫生毫無頭緒。如果你也遇到同樣情況，
可以請教你信任的親屬和朋友。也許你會很詫異，原來
有些朋友或多或少有接觸精神病患者及治療師方面的經
驗。只要抱有希望，自然會找到適合的精神科醫生。以
萊利的個案為例，由朋友推介的第二位醫生，我們一直
都十分滿意。醫生和病人之間要有完美的化學作用，治
療才可持久，畢竟精神病患者在康復過程中有復發的可
能。

如果患者能夠和治療師、精神科醫生、輔導人員或個案負責人保持緊密而良好的關係，不但對獲得的關顧更為滿意，而且身體也會更健康。跟醫生溝通合作，患者可得到切合自己所需的治療。有些人喜歡找具有名氣的專家，卻忽略了名氣大的專家不一定有耐性，而且收費昂貴。我寧可找一位關心病人的醫生，不會匆匆忙忙地診症，又願意以清楚易明的字彙解釋細節，絲毫沒有看不起患者和家屬。社會上很多人，甚至連患者家人本身也對精神病帶有偏見、歧視和忌諱，而精神科專業人士一般都懷有可貴的同理心，唯有同理心這種核心價值才可把服務昇華，讓患者深感被關懷。

會見醫生要簡短明快

跟精神科醫生溝通時，我和大部分照顧者一樣，不知道應該從何開始。最初我傾向保障萊利的私隱，因為這是萊利的要求，而我也認為他有權利保護自己。當時我對精神病患連最基本的科學知識都沒有，深感自己難以勝任為萊利的照顧者。最初幾年真的是一場考驗。萊利拒絕求診，我唯有硬著頭皮代表他去完成這個艱巨的任

務，化身為病人，和他的醫生定時連繫。

回想起來，我與醫生見面時並沒有好好利用時間。每一
次見面，我都過多地描述了有關萊利的情形。我沒有
經驗，常害怕因為自己遺漏了細節而導致醫生判斷錯
誤。有時我顯得非常疲累，衣服也不整齊，其他人也可
能認為我就是病人！迫不得已，我必須檢討應該如何善
用與醫生會面的時間。精神科醫生是按時收費的，每
一次診症動輒數百新加坡元，非常昂貴。每兩個月，
有時甚至每一個月，便要見面一次。我得到了很昂貴的
教訓——當我們形容不同的情境時，只需要告知醫生
有關患者在該段期間的症狀，讓醫生對比上一次的狀
況，作出準確評估。我們沒有必要詳細描述每個事件的
細節，而是應該整合和列出觀察到的症狀。只有在醫生
查詢時，我們才去描述細節。持之以恆，我們漸漸地學
會了提供適當且適量的資料。

準備要查詢的問題

我曾在諮詢醫生的時段完結後感到非常困擾，原因是我

花了很多力氣分享萊利的情況後，醫生的結論往往就是：「繼續服藥，一個月後見。」我仔細思考，作為萊利的照顧者，為了維護他的利益，我必須引導醫生提供最佳治療方案，幫助醫生評估現行方案是否足夠，有沒有地方需要調整。那麼，我應該怎樣裝備自己，才可成為更稱職的照顧者呢？需要什麼資料，照顧者的角色才可以有效地發揮呢？

當藥物處方有改變時，患者和照顧者都需要知道以下的關鍵問題。當然每個人情況不同，必須自行研究，取得更多補充資料，使資料更完備。

——這種藥物有什麼常見的副作用？

——當地政府認可的最高和最低的服用量是多少？

——怎樣處理抗精神病藥物的副作用？

——這個藥物要多久才產生效用？

——出現什麼現象時，表示這款處方藥物不適合患者？

——有關化學物質的反應，哪些事項要關注？（這問題是有關採用補充藥物，例如中草藥等）

——有什麼規矩需要嚴格遵守？

——飯前還是飯後服藥？

——早上還是睡前服藥？

——如果需要調整藥量時，如何處理症狀的改變？

——仿製藥（編按：指 Generic drug，又稱非專利藥）的效用如何，是否建議病人服用？

——哪些藥廠比較可靠？

這些問題的答案協助我作出決定，及時作出適當行動，不會因為處理不當而影響藥效或罔顧萊利安全。

留意藥物副作用

2012 年 9 月，萊利完成電痙攣治療之後，處方用藥是 Clozapine, 再加 9 毫克 Invega (Paliperidone) 並逐漸由低劑量的 25 毫克加至 2013 年 2 月的 200 毫克。12 月到 2 月期間，萊利曾四次尿床。1 月至 2 月期間，他每周約有兩至三次會在晚上分泌過多唾液，口齒不清，而且非常容易疲倦。有一次，在洪醫生診症後兩天，時為 2 月 10 日農曆新年的晚上，萊利出現名為肌躍型抽搐 (Myoclonic jerk) 的癲癇發作，大家焦慮地度過了一小

時。當時我在未諮詢洪醫生的情況下，便決定讓萊利停止服用 Clozapine。

謹慎衡量服藥的利弊

洪醫生記錄了一些病人服用 Clozapine 的副作用，服量以新加坡限制的最高劑量 450 毫克為原則。副作用包括流感、發熱及白血球病（Agranulocytosis）。萊利需要每月一次到家庭醫生診所做驗血測試。洪醫生建議暫停藥物，直至萊利的流感和發熱完全康復過來。在 2 月份和洪醫生見面後，萊利減低服用 Invega 的劑量至 6 毫克，但維持 Clozapine 在 150 至 200 毫克。我們需要謹慎判斷，衡量利弊及考慮副作用。Clozapine 在 25 至 50 毫克水平，沒有任何正面或反面的效果。然而在 150 毫克這個水平，萊利便非常疲倦，尤其相比起他只服用 Invega 的那段時間。那段沒有 Clozapine 的日子，萊利只曾漏尿一次。我把 Clozapine 增加至醫生建議範圍內的 200 毫克時，便觀察到萊利有各種不良反應。這樣顯而易見 Clozapine 並不適合萊利。儘管此藥馳名，改善了許多患者的情況，我們也必須放棄。2 月 28 日，我讓萊利連

Invega 也停服，直至該年 7 月 26 日，共有 21 周完全停止服藥。這段期間之後萊利才再服用 200 毫克 Solian。

停藥期間，我們仍保持每月到洪醫生處覆診一次。我利用錄像和相片記錄萊利每天不同時段的活動，並寫下自己的觀察。我把萊利各種活動記錄下來，例如早上閱讀報紙，下午瀏覽網上財經消息，黃昏聽音樂，做家務或在沙發上閉目養神。有好幾次，我嘗試帶出一些話題，測試萊利面部表情及語調的變化並記錄下來，以幫助洪醫生的診斷。萊利感到我的行為可疑，堅持要我刪除照片及錄像檔案，並在他面前拿出已刪除的證據。我接受萊利的要求，因為我必須取得他的信任。我以尊重的態度去順從他的意思。

精神健康患者和照顧者需合作無間

如果有任何精神健康專業人員（精神科醫生、心理學家、社工、顧問、職業治療師、個案經理）不歡迎患者的家庭成員或照顧者去參與復康治療，我會感到擔憂。精神健康專業人士和照顧者或家庭成員之間必須合

作無間，才可提供穩定及安全的環境，減少患者入院的機會。患者進行心理復康治療，目標很明確，就是要修復社會功能及個人健康。復康治療必須有一個順暢的過渡期，從而得到社會包容。住院一段時期的患者需要較大的調節才可適應。過渡期中，患者身體仍處於虛弱狀態，而又要顧及投入社會，我們絕不能低估箇中艱辛困難之處。因此，家庭成員和照顧者必須鼓勵患者發展生活技能及獲取所需資源。這樣患者才可獨立地生活，在社會上作出自己的選擇。正如亨利・福特（Henry Ford）說：「走在一起是一個開始，一起共處是一個進程，一起合作就是一個成功。」

學會欣賞精神健康專業人士

透過和精神健康服務人士分享，我獲得許多知識和啟發，例如他們怎樣面對和患者、家屬及照顧者相處時的種種挑戰。他們豐富的專業經驗和個人經歷令我又佩服又感動，我學會當自己遇到類似情況時應該怎樣處理。照顧者需要建立互相支援的網絡，網絡來自不同群組，例如患者的照顧者、精神健康專業人員、家庭、朋

友、同事及善解人意的上司。

我們當中有多少人會特別敬重醫療體系中的精神健康專
業人員？一位同事曾經這樣說，他有一位親戚，完全沒
法理解女兒為何銳意報讀心理學博士課程，以及選擇日
後在精神健康機構工作。這正正說出在亞洲社會中，潛
藏着對精神病患普遍的偏見及忌諱。我懇請大家欣賞那
些有熱誠和勇氣、投身精神健康工作的人。精神健康專
業人員值得社會各階層給予無盡鼓勵、極大尊重和高度
欣賞。在新加坡，精神健康一直是相對被忽略的社會議
題。無論如何，照顧者和患者的各家庭成員，應該是精
神健康專業人員的最大支持者——共同努力，消除社
會人士對精神病患的偏見和歧視。

4.4

Managing

處理副作用

Side
Effects

「人的心靈比任何藥物更具威力，滋養心靈
的是：工作、玩樂、友情和家庭。這些都是
關鍵的。」

　　　　　　　　　　　　——羅賓·威廉斯《睡人》

"The human spirit is more powerful than
any drug and THAT is what needs to be
nourished: with work, play, friendship
and family. These are the things that
matter."

　　　　　　　　　　　　Robin Williams, *Awakenings*

處方藥物的目的是提升生活質素，甚至拯救生命。差不
多所有治療疾病的藥物都會產生不良副作用，只不過並
非嚴重影響每個人。各種抗精神病藥物有不同效能，用
藥份量之差別也會產生不同程度的治療效果及副作用。
有些人認為處方藥物的劑量愈高，不良副作用就愈多，
其實這不一定。任何治療師都無法預測患者會否遇到

副作用。一切視乎各人體內的構造，以及藥物在體內產生的化學反應而定。

我們懂得處理副作用嗎？首先我們要知道有可能發生的副作用。同時，必須知道哪一些副作用其實是安全的，而不安全的又應該怎樣避免，以及何時需要聯絡醫生或治療師。有一些副作用是罕見的，也有一些是非常普遍，例如輕度反胃、作嘔和疲倦，又或者食慾大增、頭暈、便秘等等。許多簡單而安全的措施可以幫助處理這些抗精神病藥物常見的副作用。

處理常見副作用的建議

——監查及記錄任何副作用：覆診時和醫生討論。
——有嘔吐感及胃部不適：服藥時必須與食物或者荳奶一起服用，但請先向醫生或藥劑師查詢，畢竟不同藥物的處理方式因人而異。避免吃過多辛辣的食物。定時飲水。
—— 口腔乾燥 ：多喝水。可放冰粒入口，或者以酸性糖果刺激唾液分泌。

——疲倦乏力：進食抗氧化的食物，例如蔬菜和水果。定時做運動，保持足夠的睡眠時間

——體重增加：少吃多餐。把糖和鹽的份量減至最少。常做運動。

——避免飲酒：遠離所有酒精飲品，至少在服藥前後的一小時避免飲酒。

——鼻塞、傷風、咳嗽、感冒：把茶樹油塗在鼻孔處，或用純乳香精油在耳背後及髮鬢上按摩。早上空腹時飲用和溫暖的檸檬汁。

——出現斑點（手臂和肩膊上出現深色鱗片狀的色斑）或者皮疹：每天早上飲用溫檸檬汁，在患處塗上乳木果油。

——入睡困難：睡前用薰衣草精油在頸背上、耳背、腳掌和手掌中心的穴位反射區按摩。調節日間服藥時間，但一定要先向醫生或藥劑師查詢，畢竟改變服藥時間會影響藥物的效用。

——唾液過多：逐漸減少服藥份量，必須觀察效果，如有需要可停服數天甚至一至兩周。

——性功能障礙：如果性慾減低，必須通知精神科醫生。服用適當的抗精神病藥物，可減少性功能失調的風險。

——躁動、焦慮和不安：服用高濃度奧米加三，以高比例 EPA：DHA（三比二）調配。

——遲發性運動障礙（非自主性的、重複的身體動作）：如果一般症狀已受控，不妨間中停用藥物。（要先和醫生商量）

預早提供病歷

醫生需要知道患者的健康情況，例如有沒有其他疾病，是否接受其他治療，這樣才可以決定哪個方案最為適合。醫生或需要了解患者是否患有肝臟及腎臟疾病、心血管（心臟及循環系統）疾病及此病之家族史、糖尿病及此病之家族史、柏金遜症、神經或肌肉運動失調、癲癇症、前列腺過大、青光眼或任何眼疾、肺病或其他呼吸問題、血管疾病、高血壓及其他長期病患的服藥處方。

和醫生討論副作用

照顧者必須時刻留意，不良副作用隨時會出現。通過緊

密觀察副作用有否出現，及經常跟精神科醫生討論和了
解藥物的副作用，便可在有需要時調節藥物份量，甚至
改變所需用藥。抗精神病藥物令人難以取捨之處，在於
如何衡量藥物對減輕症狀的正面作用和它引起的不良副
作用。照顧者必須注意藥物的利與弊，比較患者有意識
和表現正常的時間，和因副作用引起魯莽行為的時間，
列出兩者出現的頻率，記錄相關的不良徵狀，並對比不
同抗精神病藥物和服用時期的「變數」（份量、服用時
間、藥物的組合、每種處方在療程中使用的時間）。照
顧者在這個範疇上扮演重要的角色，因為不是每個患者
都能注意或有意識地聯想到服藥的「變數」和副作用之
間的關係。有些患者對於透露在性功能上出現問題會感
到尷尬和不安，這個我們可以理解。然而如果醫生沒有
詳盡及重要的資料，便不能判斷是否需要改變用藥來減
低不良影響。只要患者沒有感到太多副作用，正常功能
又不受影響的話，便應積極遵從服藥指示，步向正常的
生活。

雖然藥物有副作用，但也有很多研究指出，精神科藥物
十分安全有效，成為許多障礙症的基本治療法，包括精

神分裂症，躁鬱症，專注力不足／過度活躍症（ADHD）。
當然，這些藥物不一定能減少每位病患者的症狀，甚至
有些人因感到不良副作用而生厭。整體而言，精神科藥
物對患者還是利多於弊。

不要局限患者於某一種治療方案。即使在許多個案中，
藥物治療是首選的治療方法，但心理治療對許多失調病
者也是一種有效的補充治療法，例如焦慮症、人格障礙
及許多其他病症。心理治療是一個基本的支援治療，目
的在於幫助患者處理藥物控制以外的「剩餘症狀」，實
行養生復原，處理環境的壓力來源，目的是減少復發或
惡化的機會。

最後我會怎樣處理藥物治療對萊利的好處和副作用
呢？提供詳盡的報告讓醫生及治療師作出評估，還要
清楚記錄患者有否遵從一些簡單的生活模式。以每一
天為基礎，列出下列詳細資料。當中主要是有關用藥
及補充劑的資料，及患者沒有遵從服藥份量和時間。
記錄的事項包括：用藥時間、用藥份量、「停藥時間」
（清楚列明哪一種藥及停服了多久）、正常活動及不

正常活動的日子。

設計列表記錄症狀

為了把上述資料數據變得有意義，我設計了一個列表，把各種療法的實行的日子，及萊利行為良好與不好的日子，作相互關係的分析。然後，關於正面及負面的表現，以及周期性的副作用，我會補充有關頻率（日數）。我建議觀察整個趨勢要以不少於九十日為一個階段。不過如果抗精神病藥物在服用後六至八星期根本未能控制精神病症狀，則另作別論。記錄時，必須減少變數，以便得出結論性分析，顯示好處是否多於副作用，才可幫助醫生去考慮是否需要換藥或改變用量。舉一個例子，什麼是我所指的「減少變數」。首先我保持 Invega 及 Artane 的服用量不變，而把 Solian 在 200 毫克和 250 毫克中交替服用。另外，逢星期一定為「停藥時間」，停服所有藥物一天。我很努力地記錄所有負面症狀和發生頻率，這可幫助我決定什麼時候應該調整份量至 250 毫克。如果情況是需要用高劑量，我便取消那周的一天「停藥時間」。這項工作看似繁重，但我可以

向你保證，對長期病患者而言，用藥管理是必須的。

萊利到底還要繼續服用 Solian、Invega 和 Artane 藥物多久
呢？以萊利的狀況而言，雖然有些症狀偶爾會減少或減
輕，但還是會持續的。經過多年經驗，我們已適應下來，
容易處理了。也許他需要終身服藥來維持健康水平。症
狀時來時去，當症狀不太明顯時，而經醫生認可，不妨
來一個「停藥時間」，或者酌減藥量。我深深希望隨着
萊利逐漸好轉，症狀終有一天徹底離開，永不回來。

掌握處理副作用的知識

精神病患者和他的照顧者會否對藥物副作用一無所知
呢？如有這情況，可能是因為精神科醫生和患者沒有足
夠時間溝通，又或者患者忘記了在覆診時醫生給他的忠
告。有些情況是患者不遵從指引，那麼照顧者便要採取
隱藏式藥物治療。現在網上資訊充足齊備，透明度高，
但與此同時照顧者和患者必須了解資料來源的可信度，
為確保謹慎行事，應向醫生核實一下。醫生不一定記得
每個個案的詳細資料，所以醫生每次必定在檔案文件上

作詳細記錄，特別是用藥的記錄，以作參考。我們身為照顧者，最能夠為大家設想的做法，就是自己掌管摰親患者的醫療情況。再者，如有溝通障礙，我們應該找親屬或者可靠的朋友協助，及查詢醫院是否提供翻譯服務。正如莫里哀（Moliere）所言：「我們不僅要為我們所做的事負責，還要為我們不做的事負責。」增加有關處理副作用的知識，我們便可提摰親患者的治療質素。在見多識廣的情況下做出選擇，就是我們重任之所在。

参考資料：

Kellett, J M et al. "A nurse is suspended." *BMJ (Clinical research ed.)* vol. 313,7067 (1996): 1249-51.

Latha, K S. "The noncompliant patient in psychiatry: the case for and against covert/surreptitious medication." *Mens sana monographs*, vol. 8,1 (2010): 96-121.

Loebel, A D et al. "Duration of psychosis and outcome in first episode schizophrenia." *The American journal of psychiatry*, vol. 149,9 (1992): 1183-8.

McEvoy, J P et al. "Insight in schizophrenia: Its relationship to acute psychopathology." *The Journal of nervous and mental disease,* vol. 177,1 (1989): 43-7.

Norman, R M, and A K Malla. "Duration of untreated psychosis: a critical examination of the concept and its importance." *Psychological medicine*, vol. 31,3 (2001): 381-400.

Scott, P A. "Professional ethics: are we on the wrong track?" *Nursing ethics,* vol. 5,6 (1998): 477-85.

Valmana, A., and J Rutherford., "Suspension of nurse who gave drug on consultant's instructions. Over a third of psychiatrists had given a drug surreptitiously or lied about a drug." *BMJ (Clinical research ed.)* vol. 314,7076 (1997): 300.

Welsh, Susan, and Martin Deahl. "Covert Medication–Ever Ethically Justifiable? " *Psychiatric Bulletin*, vol.26.4 (2002): 123-26.

後記

處理精神分裂症的過程中，我深深了解自己不足之處。經歷作為主要照顧者的歷程，我的心靈更趨成熟。我學懂了信念、恆久的愛、同理心及社會責任的核心意義。我的眼界擴闊了，看到許多人也在同樣的困境中。我這份手稿，以亞洲文化而言，揭露了不少私隱。我無懼地寫出來，是因為我希望其他照顧者從我的無知和錯誤中有所得益。憑着愛、了解和同理心，避免歧視和偏見。

2013 年，我參與了新加坡投資與科技創新產業。2014年我和夥伴共同成立了創投公司 GreenMeadows，現任執行合夥人。同時，我也是諮詢公司 Capelle Consulting。

2013 年之前，我是惠普亞太及日本區的副總裁，長駐新加坡。

作為新加坡照顧者聯盟（CAL）的照顧者義工領袖，我

有機會透過不同的平台分享感言和意見；例如照顧者聯
盟周年會議（CAL Annual Conferences），亞洲太平洋區精
神健康會議（新加坡精神健康中心主辦）及世界精神健
康協會。2014 年起，我協助照顧者培訓工作坊，這些
都是難得的經驗。我也參與反對歧視精神病患者的倡導
者演說 (Advocacy Talks)。我極力推動照顧者和患者積極
參與非牟利的志願機構，共同提高公眾人士對精神病的
認識，從而鼓勵病患者有信心地在早期接受治療，並培
養同行者之間互相支持的精神。

執子之手
與子抗疾

精神分裂症患者照顧手記

Margaret Ong　　著

河子蕊　　　　　譯

責任編輯　　侯彩琳
書籍設計　　姚國豪

出版　　　三聯書店（香港）有限公司
　　　　　香港北角英皇道 499 號北角工業大廈 20 樓
　　　　　Joint Publishing (H.K.) Co., Ltd.
　　　　　20/F., North Point Industrial Building,
　　　　　499 King's Road, North Point, Hong Kong
香港發行　香港聯合書刊物流有限公司
　　　　　香港新界大埔汀麗路 36 號 3 字樓
印刷　　　美雅印刷製本有限公司
　　　　　香港九龍觀塘榮業街 6 號 4 樓 A 室
版次　　　2020 年 7 月香港第一版第一次印刷
規格　　　大 32 開（130mm x 205mm）200 面
國際書號　ISBN 978-962-04-4663-4

三聯書店
http://jointpublishing.com

JPBooks.Plus
http://jpbooks.plus